U0836984

纺织服装高等教育“十一五”部委级规划教材

服装品牌的整体塑造与传播

THE COMPREHENSIVE SHAPING AND SPREAD OF FASHION BRAND

徐静、赵伟 编著

東華大學出版社

图书在版编目(CIP)数据

服装品牌的整体塑造与传播/徐静，赵伟编著. —上海：东华大学出版社，2009.12

ISBN 978-7-81111-666-3

Ⅰ.①服… Ⅱ.①徐… ②赵… Ⅲ.①服装工业-工业企业管理 Ⅳ.①F407.866

中国版本图书馆 CIP 数据核字(2009)第 240022 号

责任编辑：库东方

封面设计：李 博

服装品牌的整体塑造与传播

徐静 赵伟 编著

东华大学出版社出版

上海市延安西路 1882 号

邮政编码：200051 电话：(021)62193056

新华书店上海发行所发行 苏州望电印刷有限公司印刷

开本：787×1092 1/16 印张：11.5 字数：236 千字

2010 年 4 月第 1 版 2010 年 4 月第 1 次印刷

ISBN 978－7－81111－666－3/F・032

定价：23.00 元

前言

2008年以来，金融海啸席卷全球，使我国纺织服装业受到了较大的冲击。在越来越激烈的市场竞争中服装企业逐步认识到，仅凭单纯的加工和售卖产品将无法取得优势，必须通过加快品牌的创建和对品牌进行有效地管理、维护才能在经济大潮中争得一席之地。那么，如何使自己的品牌脱颖而出并能长久立于不败之地就成为服装企业进行品牌管理时需要着力解决的问题。因此，品牌的运作与管理逐渐得到重视与发展。对于我国的服装企业来说，树立品牌是企业的目标，但是目前还缺少关于服装品牌管理方面的资料，本书针对这一情况结合品牌管理的相关知识与我国服装企业的现状，并参考国外知名服装品牌的发展经验，从品牌的概念入手，沿着品牌建设的道路展开，对于目前的品牌定义、品牌定位进行了全面的诠释，并对服装品牌形象的树立与服装品牌的传播进行了系统的阐述。

为了方便读者对理论内容的理解，书中穿插了大量的案例，并针对部分案例提出了一些思考问题，方便服装院校学生的学习。本书中部分案例来自互联网，由于时间仓促，不能一一查明案例的作者。在此，希望得到您们的理解与支持，向您们表示衷心的感谢！

本书的编写历时两年，书中的内容是编者在多年教学工作中对服装品牌理论的学习与总结。本书共十一章，其中第一章至第六章由赵伟编写，第七章至第十章由徐静教授编写，第十一章由王秀芝编写。

本书部分内容存在欠缺之处，恳请广大读者给予指正。

编著者

2009年11月

目录

第一篇

认识品牌

第一章　品牌概述

中国服装产业已进入了“品牌营销时代”。在这个新时代中，服装产业的资源、产品和市场等都在发生深刻的变化，行业重新洗牌，企业战略转型，产品升级换代，中国服装从“数量消费”向“品牌消费”转移，产品消费、品牌消费向高档化、高价值化消费时代发展。人们纷纷探讨如何塑造服装品牌，从这一章开始，我们进入塑造服装品牌的领域。本章从认识品牌开始介绍我国服装品牌发展的现状。

第一节　认识品牌

一、品牌的渊源

品牌是近几年出现频率很高的词汇，虽然“品牌”这一词汇提出的时间较晚，但是古代的人们已经知道如何利用“品牌”的力量。最早的时候大多数的“品牌”意味着一种产品或者服务的质量保证。比如罗马的大理石商人为了推销自己生产的纯正、无杂质的大理石，在大理石上贴上了刻有“sinecere” 的标签。当时，贴有这种标签的大理石意味着没有蜡，也就是说你买的大理石是纯正的，没有用蜡来填补瑕疵。虽然商人不知刻意地宣传他的产品，但是由于人们在长期的使用过程中已经证实了这一点并对此深信不移，所以就促使商人必须把产品做好。而且这种在大理石上贴标签的做法受到了法律的约束，就是如果经销商提供贴有“sinecere”标签的大理石是不纯正的，那么他将会被判处死刑。因此标志“sinecere”成为人们深信不移的大理石的质量保证，那时的人们还不知道他的这种做法就是潜意识地利用品牌，而且没有人系统地研究品牌理论，因为那个时候还没有形成品牌成长的环境。

在18世纪60年代中期，英国著名的陶器生产商威基伍德的制陶业在整个英国市场非常出名，并占领了整个英国市场。他的陶器质量优良，而且因为经常为皇室家族定制精美瓷器，因而他的产品成为英国上流社会的奢侈品，为了维系与消费者之间的纽带和防止出现赝品，威基伍德从18世纪60年代末期便领先一步在煅烧的毛坯上雕刻自己的名字。

19世纪随着商品的大量出现，大部分商人的产品销售范围已经不局限于自己的国家，他们开始向周围国家运送商品，这个时候品牌随着产品包装的出现而开始出现。因为商人要向远处运送商品，为了区别其他产品而且标明产品的所属，往往会在包装外面印上某种标志。商标雏形大量出现，这向品牌更迈进了一步。这个时候我们可以把这种做法看成利用标志进行商品的识别。

到了20世纪初，詹姆士·沃尔特·汤普森首次通过诠释商标做了一则房屋广告，这被称为最早的塑造品牌的行为。后来詹姆士的公司又采用了设计标语、吉祥物、编诗歌等方式，并把它们通过收音机与早期的电视公布于众。我们可以把这种做法看成早期的品牌塑造与推广工作。到了20世纪50年代，制造商们逐步意识到这种做法的重要性，因为这种做法除了能很好地与竞争对手区别开，而且他们发现这也是一条与消费者沟通与进一步保持关系的很好途径。消费者也能通过这种方法记住这个品牌，并可以重复消费，还可以使品牌在消费者群体中进行传播。从那以后制造商们开始重视这项工作，并积极地设计自己品牌独特的识别标志，延伸自己的品牌个性，例如高雅、奢侈和年轻等等。从此世界开始进入研究品牌、塑造品牌的热潮。

二、品牌定义

1. 品牌定义的发展

品牌定义随着社会的发展及人们对品牌认识的不断深入而得到不断的修改，不同的定义代表人们塑造品牌时工作的侧重点不同，例如：

半个世纪以前，品牌形象理论的代表者大卫·奥格威对品牌做出这样的定义，“品牌是一种错综复杂的象征，它是品牌的属性、名称、包装、价格、历史、声誉、广告风格的无形组合。”这个定义受到了奥美、萨奇这样的国际性广告公司和罗兰贝格、麦肯锡这样的咨询公司的广泛认同和传播。

《营销管理》的作者科特勒认为品牌是一个名字、名词、符号或设计，或是上述的总和，其目的是要使自己的产品或服务有别于其他竞争者。

还有的人认为“品牌”是企业或品牌主体(包括城市、个人等)一切无形资产总和的全部浓缩，而“这一浓缩”又可以以特定的“符号”来识别；它是主体与客体、主体与社会、企业与消费者相互作用的产物。

国际营销界最权威的机构——美国市场营销学会所给的定义为：品牌是

一种名称、术语、标记、符号或设计，或是它们的组合运用。其目的是借以辨认某个销售者或某群销售者的产品及服务，并使之与竞争对手的产品和服务区别开来。

美国 Amazon 公司总裁 Jeff Bezos 先生认为："品牌就是指你与客户间的关系，说到底，起作用的不是你在广告或其他宣传中向他们许诺了什么，而是他们反馈了什么以及你又如何做出反应。对我们来说，口碑极其重要。简而言之，品牌就是人们私下里对你的评价。"从这个角度来看，品牌是企业与顾客双向互动的过程。如果没有客户的信赖和支持，品牌就会失去价值和意义。

现在人们已经普遍接受"品牌是一个消费者在生活中通过认知、体验、信任、感受，而与品牌建立的关系，它是消费者感受一个产品的总和。"但是这个理解只是描述出消费者对品牌从外向内的一种体验过程，人们却忽视了企业行为在塑造品牌时所起的作用，我们在这里所说的行为是指企业中的一切活动，甚至还包括员工对自己品牌的态度、企业领导的行为等。消费者所感知的任何信息大部分是来自企业内部，并通过各种途径向外传播，不管这种信息是有意还是无意的散布，都会对消费者认识品牌产生一定的积极或消极的影响，所以一些知名企业的经理说："他们将重视一切能与消费者接触的机会，这种接触包括直接的或间接的。"所以品牌向外部传播的信息应围绕企业的核心价值，并且能被消费者所感知，而这个核心价值不是品牌独立于企业而单独向外传播的，企业的一切行为将会加深或否定消费者从品牌那里所得到的感觉。

2. 品牌的完整定义

根据以上理解我们可以重新给品牌下个完整的定义：品牌是企业塑造的能给企业带来溢价、产生增值的一种无形的资产，它的载体是用以和其他竞争者的产品相区分的名称、术语、标识或设计及其组合以及企业的各种管理与营销行为，这些载体作用于消费者心中并使消费者形成对此品牌的总体印象。

3. 对于品牌定义的理解

上面的品牌定义我们可以从以下几方面理解：

a. 首先品牌是由企业塑造的，不能脱离企业而存在。品牌的塑造、发展、管理维护等工作都离不开企业的行为，虽然当品牌发展到一定的层次，已有很高的价值，并通常被认为可独立于企业单独存在，但是如果没有企业为品牌不断地注入新鲜活力，那么品牌还能存在多久？所以品牌需要企业不断的呵护，当然这里所指的企业并不一定是品牌的原创企业。

b. 品牌必须需要一定的载体表现出来，这些载体是品牌信息向外传播的形式，也是媒体传播品牌的内容，最终被消费者所感知。

c. 品牌的这些综合因素最终作用于消费者，并形成对此品牌的某种印象。所以品牌的塑造是企业的工作，但是最终品牌是何等的形象，还要看这些综合的因素作用于消费者的效果，并在消费者心目中形成何种印象。而且企业要知道一切与品牌相关的消息都会使消费者产生一定的印象，不管这个消息的发出者是谁，是企业有意还是无意散布的，所以企业要注意一切行为都要围绕品牌的核心价值去做。

三、品牌认识误区

人们在塑造品牌时存在以下认识误区：

1. 提高产品的质量与附加值就是做好品牌

产品是品牌的载体，产品的质量好坏直接影响着品牌的长远发展，而且消费者对于品牌的直接体验首先是通过产品，如果产品的质量不好，那么消费者对你的品牌就没有好的印象。如果你的产品在使用过程中，消费者非常满意，那么相当于你的品牌塑造的第一步已经成功，所以产品的质量一定要做好。提高产品的附加值，目的是为了让自己的品牌更有竞争力，这种做法很对。但是应该注意的一点就是我们上述所做的两项工作只是品牌建设的必要条件，而不是充要条件。有的企业对于这个问题的认识存在误区，认为做品牌的所有工作就是要把产品做好。这是对于塑造品牌工作的片面理解。因为永远没有独一无二的技术，只有独一无二的品牌。“产品是工厂生产的东西，品牌是消费者所购买的东西；产品可以被竞争者模仿，但品牌则是独一无二的；产品极易迅速过时落伍，但成功的品牌却能持久不坠。”——《奥美的观点》。塑造品牌的最高境界是消费者对于品牌的感情认同。

2. 做品牌就是要加大广告宣传

广告宣传是塑造品牌的重要途径，因为我们可以通过这种方法使得在短期内更多的消费者知道某个品牌，这种方法在市场不成熟的情况下可能会取得成功，所以当某个企业的成功宣传案例被媒体炒作时，许多企业开始把这种方法作为扩大销售推广品牌的良方。由于对这种理念的坚信所以出现了前两年许多企业纷纷投重金争得央视广告标王，而且标王企业也着实风光了一场，但是好景并不长，昔日的标王现在却黯淡地退出了市场。这说明做品牌并没有这么简单，铺天盖地的广告不能永远拴住消费者的心。如果品牌不能与消费者传递交流真实的信息，那么品牌宣传做得再好也只能起到短期的效果。

3. 做大企业才能做好品牌

做大做强是许多企业的目标，为了这个目标企业纷纷买地建厂房或对外大规模投资。难道做大才能做强吗？做大需要大量资金的投入，这并不是每个企业都具备的。企业应该做适合自己的品牌，并不一定都要做大企业品牌。像我们国内的一些服装品牌往往宣传自己占地面积多少，有几个生产基地等，而国际一些知名的服装品牌宣传的是自己的产品质量、材料、生产工艺而不是占地面积。

4. 品牌建设可以短期完成

对于企业来说，当其完成工商登记或商标注册时，这个企业的商标就存在了。但是，品牌能否被市场认可，并经久不衰，需要企业不断创新，掌握该领域的核心技术和拥有自主知识产权；需要企业不断改进产品和提升品质，跟上消费者功能性需求变化的步伐；需要企业不断完善服务，加强企业文化建设，让自己的产品带给消费者超额收益和享受，满足个性化消费的需要。可以这样说，做品牌实质是伴随企业经营和管理全过程的一项工作，是一个长期、持续的过程。

有的企业建设品牌时急于求成，做完塑造品牌的前期工作以后认为就万事大吉等着回报了，不知如何进行品牌的维护与后期建设，那么时间一长品牌就不是正常意义上的品牌，只能称为商标了。品牌塑造是战略行为，一个长期系统的过程，需要规划与坚持，而且不能只注重短期的销量与效益数值，而违背塑造品牌的原则，否则是企业的短视行为。我们应该知道全球几乎所有的著名品牌都经历了很长时期的发展过程。如可口可乐有近 120 年的历史，西门子的品牌历史长达 158 年，路易·威登有 152 年的历史，雀巢咖啡也已经经历了 140 年的发展历程。这些品牌虽然年数久远，但是在消费者心中，它们代表的产品更加值得信赖并且仍然焕发者青春的活力。

5. 品牌是产品的商标

我们都知道商标需要到工商部门注册，受到法律保护，商标是品牌获得法律保护的工具，品牌的内涵大于商标，由于商标的直观性与传播的形象性，所以它在品牌形象塑造与传播的过程中起到重要的作用。目前人们把品牌的外观与感觉上升到了一个很高的层次，所以一些人们就将品牌局限于外部标识与宣传上，而且现在国内的许多企业把塑造品牌简单的看成设计名称与标识，而且一些策划公司也对企业进行这方面的误导。于是企业会花重金聘请专业机构进行这方面的工作，以为设计一个独一无二的商标就能使自己的品牌获得消费者的信赖。实际上这是对于品牌的错误理解。

四、品牌的发展阶段

品牌的建设是一个长期的过程，大致可以分为以下三个阶段：

1. 品牌标识阶段

这个阶段要依附于具体的产品成长，这个产品可以是有形的也可以是无形的。品牌发展的第一个阶段对于消费者只意味着产品＋标识，这个时期消费者对于品牌的感受实际上是对产品与服务的感受，这是一个认识与了解的阶段，是消费者初次接触品牌的时期，一切工作处于起步阶段，所以企业要把握好每个与消费者接触的环节，因为这个时候一个小小的失误就会使消费者丧失对这个新品牌的信心。这个时候就算是销售业绩再好，也是品牌的起步阶段，并不具备品牌延伸的条件。

2. 品牌独立阶段

此时的品牌已经在目标消费者的心中形成了良好的形象，使消费者产生了情感认同，需要企业制定正确的品牌发展战略并始终如一地坚持品牌的维护与适当的更新。这个时期要求品牌规划者给它赋予明确的象征意义和个性。在此过程中可能会出现投入与产出暂时不对称的情况，这时有的企业就会对品牌建设产生怀疑，但是纵观一些成功的百年品牌，他们在发展的过程中，会多次遇到这种情况，但是企业的领导人都能看清形势，坚持品牌战略，最终取得胜利。

3. 强势品牌阶段

也是品牌成熟阶段，品牌更多地成了一种综合象征，而不再与具体单一的产品或某个企业联系在一起，这时候品牌可以延伸，而延伸到的产品范围当然要完全符合其“象征意义”。例如，夏奈尔起初只是服装的品牌，后来随着发展它成了服装、饰品、香水等女士用品的奢侈品品牌。此阶段的品牌建设工作也不能停止，而且更应该与消费者加强沟通，及时了解他们需求的变化，使得品牌的发展能够围绕着消费者进行。这样才能够使消费者时刻感觉到品牌的存在，像老朋友一样时不时地会聚一聚。而有的品牌发展到这个阶段往往以强势品牌自居而渐渐忽视消费者的需求，这样渐渐地会使消费者感觉此品牌高高在上，而不愿去触及它，时间长了虽然品牌名气不减，但是购买力可能会下降，再发展下去此品牌在消费者心中的印象会渐渐模糊直至消失，从而走向品牌的消亡。

第二节　什么是服装品牌

一、什么是服装品牌

根据上面的品牌定义我们可以总结出服装品牌的定义：

服装企业或服装设计公司塑造的能给企业带来溢价、产生增值的一种无形的服装品牌资产，它的载体是用以和其他竞争者的服装品牌相区分的服装设计款式、名称、术语、标识及其组合以及企业的各种管理与营销行为，这些载体作用于消费者心中而使消费者形成对此品牌的总体印象。

由于服装产品的时尚周期很短，而且设计元素在服装品牌中占有很重要的地位，所以款式设计是服装品牌的重要组成部分。同时服装品牌要求定位准确，要有好的经营模式与完善的销售渠道。

二、服装品牌的分类

目前对于服装品牌的划分根据划分的依据不同有很多种，首先世界公认的是法国服装设计界对于服装品牌的划分。

（一）国际服装界公认的划分方法

1. 高级时装：法国国粹——高级时装历史悠久，起源于19世纪中叶，说到高级时装这一概念的由来，就不得不提到“时装之父”——查尔斯·弗莱德里克·沃斯。在19世纪之前，裁缝只是按照顾主的要求设计、裁制礼服，而沃斯将设计的观念引入上层社会，并把自己设计的服装介绍给别人，由于款式新颖而引起了上层人士的注意，沃斯于1858年在巴黎开设了第一家专为顾客量身定制的高级时装店。从此，高级时装就进入了现代生活。高级时装是时装界的最高境界，是时装设计师也是穿衣者的终极梦想，是对理想生活方式的追求。与我们在名牌店里买衣服完全不一样，高级时装追求惟一的感觉，以设计师的服务为重点，强调专属感和个性化。高级时装的定购在时装界意味着最高的特权。每件高级时装都按照定制者的身材制作，整个过程都是手工制作，并且每件都是独一无二的。每年的高级时装定制周，无不汇集了时装界最具创意和奢华的装饰手法。

2. 高级成衣：很多曾经以高级定制为主的高级时装品牌，为了扩大规模和市场，都推出了高级成衣。与成衣相比，高级成衣的版型、规格更多一些。高级成衣面料更考究，会用一些高成本的面料，在制作工艺、装饰细节上更讲究，甚至会有一定手工的加入。高级成衣会大大加重设计师的成分，讲究品牌风格和理念。高级成衣有明确的客户群。高级成衣有时为了避免重复也会制作一些限量版(比如全球限量100件等)。

3. 成衣：指按照国家规定的号型规格系列标准缝制好了的衣服，以工业化批量生产方式制作的服装，产品面向大众消费，价格根据销售地区的消费水平确定。成衣作为工业产品，符合批量生产的经济原则，生产机械化，产品规模系列化，质量标准化，包装统一化。

（二）根据品牌所属不同

(1) 制造商品牌：制造商品牌是指制造商为自己生产制造的服装产品设计的品牌。

(2) 经销商品牌：经销商品牌是经销商根据自身的需求和对市场的了解，结合企业发展需要创立的品牌。比如沃尔玛、家乐福等国际著名销售商会寻找一些制造企业生产一些服装但是要求挂上这些销售商的品牌。

服装品牌还有许多种分类我们在这里就不一一介绍，每种分类在一定的时期都起到了重要的作用。

课后思考题

1. 什么是品牌？

2. 什么是服装品牌？

3. 服装企业在品牌发展道路上会有哪些认识误区？在网上查找相关案例。

课后预习题

查找国际知名的服装品牌名称及经营现状。

第二章　服装品牌的发展现状

第一节　国际服装品牌

一、国际服装业的现状

历史上服装业在经济发展进程中担任着一个重要的角色。早在18世纪，服装行业就领导了欧洲的工业革命，在当今东亚出口主导型工业经济中也起着决定性的作用。如今，服装业作为世界上全球化程度最高的行业之一，已有超过160个国家和地区在从事服装出口贸易，经常进口服装的国家和地区则超过30个。

时装业是世界上最大的行业之一，目前时尚流行的前沿城市集中在欧美地区，每年新的流行趋势从米兰、巴黎等城市向世界各地传播。同时欧美地区也汇集了大量的世界知名服装品牌，他们靠提高产品的附加值而赢得了世界市场。特别是随着互联网的发展，信息技术的提高，时装业趋向国际化，许多大公司通过强有力的品牌推广方式逐渐占领了国外市场。并且通过世界分工来节约成本，自己控制设计与销售，而把制作环节放在亚洲劳动力成本低的地区，欧盟区内服装贸易占47.4%。亚洲是欧盟区外最大的服装供应地区。

二、世界五大时装之都

服装业的发展不仅是人类物质文明和精神文明的综合体现，而且是现代化国际大都市建设的重要内容。巴黎、米兰、纽约、伦敦、东京等世界著名的国际化大都市都无一例外地成为世界公认的时装之都。纵览世界已有的五大"时装之都"——"高级时装之都"巴黎，"高级成衣之都"米兰，"运动休闲和成衣之都”纽约，“经典男装之都”伦敦和“东西方结合之都”东京，都是在本国独特的文化、历史、政治、经济的大背景下，用自己的民族文化奠定了成为国际时尚之都的基础。它们成为公认的时尚信息发源地，同时一些大的时尚品牌也愿意在这些地方展示自己的最新设计作品。

三、发达国家的高附加值服装产业的发展

发达国家、新兴工业化国家的服装产业改变了传统竞争方式，运用高新技术和市场网络主导着高附加值、高增值领域的服装产业发展。20 世纪 90 年代以后，随着现代高新科技向服装产业的导入，世界服装产业结构已经发生了深刻的变化。纺织新材料、新技术的开发和利用，大大拓展了传统服装产业的发展空间，使现代服装产业呈现出基于服装又超越服装，基于消费又超越消费的发展趋势：设备方面由于电子技术的广泛应用，服装生产呈现出自动化、连续化的特点，技术投资提高了劳动生产率，降低了成本，可获得更大的收益，并提高了其市场竞争能力；信息技术尤其是国际互联网络的飞速发展，促进服装行业向更广阔、更深远的空间发展。这些变化都导致了世界服装的竞争由价格和质量的竞争向以高新技术为方向、以品牌竞争为焦点的综合经济实力竞争方面转变。在市场分割上，发达国家依靠资金、技术等方面的优势，牢牢把握着世界高档服装市场的控制权。

四、主要发达国家打造国际品牌的发展道路

（一）意大利服装业打造国际品牌的基本经验

意大利的米兰作为世界时装之都，其一年两次的时装周也一贯被业内人士誉为引领世界时装设计和消费新潮流的“晴雨表”。除每年春秋两季举办的米兰时装周，在意大利首都罗马和中部文化名城佛罗伦萨每年定期举办的罗马高级时装展和皮蒂男装展也同样成为预测来年国际男装流行趋势的风向标。据意大利时装联合会提供的数据，2004 年意大利时装业年营业额达 820 亿美元，意大利的时装产品目前已占到世界市场份额的三分之一。是什么使意大利时装名扬世界呢？

1. 意大利有悠久的历史文化

意大利拥有世界三分之一的顶级时装设计大师，而这些设计师的艺术审美情趣大都得益于意大利悠久的文化和历史。在意大利，文化古迹和艺术宝藏处处皆是，有的就在向公众开放的教堂里，有的就矗立在街头或广场，时刻让人受到艺术的熏陶。设计师们把艺术品味融入到自己的设计之中，从而创造出含有艺术情趣的精品。

2. 成立服装协会

设在米兰的意大利时装协会半个世纪以来也为促进意大利时装业的发展,保护和提高时装业在意大利和世界同行中的形象发挥了重要作用。

3. 风格独特的面料和世界一流的印染技术

意大利时装称雄于世界的第三个重要因素是其风格独特的布料与世界一流的印染技术。例如,设计师巴莱斯特拉每年就能设计出数百种不同色彩与图案的布料,深受顾客欢迎。一些设计师经常采用自己设计的布料制作时装。

4. 著名设计师与纺织、成衣加工企业"联姻"

意大利时装业成功的秘诀还在于著名设计师与纺织、成衣加工生产企业的"联姻"。意大利时装首富阿尔马尼于20世纪70年代成立之初就重视时装设计与相关领域内的生产企业联合,通过出售其商标许可证将产品引入市场,实现自己的价值。目前阿尔马尼设计的时装主要通过意大利最大成衣生产商GFT集团生产。从20世纪80年代开始,阿尔马尼又与意大利眼镜生产大王卢克斯奥蒂卡合作,生产"阿尔马尼系列眼镜",专门在眼镜专卖店和阿尔马尼专卖店销售。这一成功的范例后来纷纷被其他时装设计师效仿。强烈的品牌意识使这些纺织和成衣生产企业具备了强大的竞争优势,巩固了意大利在国际时装业的领导地位。

5. 世界范围的促销活动

意大利时装国际品牌效应还与其世界范围的促销活动密切相关。每年除在米兰、佛罗伦萨等地举办时装表演及展销会外,意大利有关部门还在罗马的西班牙广场、纳沃纳广场以及南部城市那不勒斯的卡普里岛等地举办时装表演,扩大自己的影响力。阿尔马尼、普拉达、瓦伦蒂诺等名牌产品还在纽约、东京、巴黎等世界名城的繁华街道上开设专卖店以提高知名度,其效应大大超过了广告宣传。

(二) 法国服装业打造国际品牌的基本经验

从文艺复兴时代上流社会的服饰,到现在令人眼花缭乱的时装设计,法国始终处于时装大潮的风口浪尖,设计大师辈出,款式面料新颖,引领着欧洲乃至世界的时尚潮流。法国服装业的成功,很多方面值得中国服装业借鉴和学习,主要总结为以下几点:

1. 对服装产品的档次分类

法国服装业首次将服装产品按照档次分为不同类型,并得到世界的认同,由此得以盛行。在法国,服装品牌有三档:高级女装(Haute Couture)、高级成衣(Coutre Ready-to-Wear)及成衣(Ready-to-Wear)。法国的女装制作要求非常严格,这种限量版和做工精细的成衣自然受到人们的青睐,由此带动了成衣业的发展。

2. 媒体造就设计师

法国有各种各样的服装设计比赛，鼓励年轻的设计师通过比赛脱颖而出。而媒体宣传包装更是法国人的特长，可以说夏奈尔、迪奥、奎恩特、圣洛朗、皮尔·卡丹等这些人都是通过包装才呈现出了他们才华横溢的一面。通过对他们的宣传，人们知道了每个设计师都有一个风格，一个故事。比如迪奥的风格是极简风格，他创造了所谓的“新造型”(New Look)，体现了女性的妖娆和性感。但是细究起来，简约风格套在夏奈尔头上，也不见得不可以，放在其他著名设计师比如日本的川久保玲身上，好像也不勉强。所以有时候法国设计师所谓的风格和故事的内涵还不充裕，但是媒体的宣传包装弥补了这些缺陷。在媒体的感染下，评论家们和消费者们接受了设计师的风格和故事，也接受了设计师本人，设计师成了偶像。

3. 法国高级时装和成衣设计师协会在法国服装业中的作用

该协会的组建是顺应时装发展的需要，其主要职责是起草和落实可以为各个行业协会所接受的整体行业政策，组织一年两季的高级时装发布会和赴国外的法国高级时装表演，推广法国高级时装。协会的主要目标之一是为服装设计师提供特殊且适宜的展示场地。高档时装要求体现高雅和入时，从1977年起，大部分时装表演在巴黎议会大厦举办。随后，协会成功地将时装表演引入欧洲最大的地下商城——巴黎集市广场、埃菲尔铁塔对面的夏乐宫、现代艺术博物馆和凡尔赛展览中心等地。1982年，展览地点扩大到巴黎市中心的卢浮宫和杜伊勒利皇家花园。春、秋两个季节的时装发布会，都分别有超过2 000名和800名买主参加，无论声势与规模，都是其他城市难以匹敌的，巴黎为自己赢得一块“世界时装之都”的称号。

协会还为会员提供服务，包括审定参加时装表演企业的资格和推介时装企业到国外参加演出，占领世界时装市场。法国高档时装的出口贸易70%以上是由协会会员企业包揽的。为了提高整体形象和影响，法国每年都以捆绑名牌的形式，由几家著名时装设计师联合举办或参加时装表演。这样不但可以为各公司带来利益，而且还为法国时装争得荣誉。

协会也参与一些文化宣传活动。因为法国时装在公众尤其是外国人眼中是法国高品质和创造力的象征，是艺术和工业的完美结合。高档时装参与文化活动，可以使服装设计师更多地汲取灵感，创新设计。协会为会员提供经济、金融和贸易方面的法律、条例信息与建议，便于他们了解行业的最新动态。

协会还从培养设计师的角度出发，加强时装学校和企业的沟通，确保手工业人才的培训和教育，着眼于选择培养年轻设计师，让学生在学校和毕业后都可以有选择地到名牌企业实习，接触著名时装设计师，通过实践了解法国时装的精髓和掌握高超的设计技巧。

五、世界知名的服装品牌

时装业在国际上已是成熟产业，目前世界上有许多知名的服装品牌。例如：法国的迪奥、夏奈尔等，意大利的范思哲、普拉达等，美国的李维、耐克等，德国的艾迪达斯等，基本上知名的服装品牌都分布在欧美地区，目前日本与韩国的服装品牌在国际上也小有名气。下面选三个品牌简单介绍一下：

（一）品牌名称：范思哲（VERSACE）

范思哲品牌的创始人是詹尼·范思哲（Gianni Versace），此商标于1978年在意大利米兰注册，主要生产高级时装、高级成衣，其主要的设计师有詹尼·范思哲与当娜泰拉·范思哲。范思哲品牌代表着一个品牌家族，一个时尚帝国。它的设计风格鲜明，是独特的、美感极强的先锋艺术的象征。其中魅力独具的是那些展现文艺复兴时期特色的华丽的、具有丰富想象力的款式。这些款式性感漂亮，女性味十足，色彩鲜艳，既有歌剧式的超越现实的华丽，又能充分考虑穿着舒适性及恰当地显示体型。范思哲服装远没有看起来那么硬挺前卫，它以金属物品及闪光物装饰的女裤、皮革女装创造了一种介于女斗士与女妖之间的女性形象。绣花金属网眼结构是一种迪考（deco）艺术的再现。黑白条子的变化应用让人仿佛处于十九世纪二十年代。丰富多样的包缠则使人联想起设计师维奥尼及北非风情。斜裁是范思哲设计最有力最宝贵的属性，宝石般的色彩、流畅的线条、通过斜裁而产生的不对称领有着无穷的魅力。范思哲采用高贵豪华的面料，借助斜裁方式，在生硬的几何线条与柔和的身体曲线间巧妙过渡。在男装上，范思哲品牌服装也以皮革缠绕成衣，创造一种大胆、雄伟甚至有点放荡的廓型，而在尺寸上则略有宽松而感觉舒适，仍然使用斜裁及不对称的技巧。线条对于范思哲服装是非常重要的，套装、裙子、大衣等都以线条为标志，性感地表达女性的身体。

（二）品牌名称：克里斯汀·迪奥（Christian Dior）

服装品牌克里斯汀·迪奥于1946年在法国巴黎注册，创始人克里斯汀·迪奥，知名设计师先后有克里斯汀·迪奥、伊夫·圣罗兰、马克·博昂、詹弗兰科·费雷、约翰·加利亚诺，主要的产品是高级女装、高级成衣，现在此品牌也增添了针织服装、内衣、香水、化妆品、珠宝、配件等产品。迪奥品牌一直是华丽女装的代名词。大V领的卡马莱晚礼裙，多层次兼可自由搭配的皮草等，均出自天才设计大师迪奥之手，其优雅的窄长裙，从来都能使穿着者步履自如，体现了幽雅与实用的完美结合。迪奥品牌的革命性还体现在致力于时尚的可理解性;选用高档的上乘面料如绸缎、传统大衣呢、精纺羊毛、塔夫绸、华丽的刺绣品等,而做工更以精细见长。1957年后,迪奥仍是华丽优雅的代名词。第二代设计师圣洛朗在1959年将迪奥推向了莫斯科,并推出迪奥的新系列——苗条系列。第三代继承人马克·博昂,首创迪奥小姐系列,延续了迪奥品牌的精神风格,并将其发扬光大。1989年迪奥品牌由意大利设计师费雷主持设计,他的到来为迪奥传统的较夸张、浪漫的风格融入了新的严谨与典雅。如今的迪奥公司由LVMH集团管理;1997年,年轻的英国籍设计师加里阿诺被推上了迪奥的前台至今。进入九十年代后的迪奥品牌,其品类范围除高级女装、高级成衣以外,还有香水、皮草、头巾、针织衫、内衣、化妆品、珠宝及鞋等。几十年来,迪奥品牌不断地为人们创造着"新的机会,新的爱情故事"。在战后巴黎重建世界时装之都的过程中,迪奥做出了不可磨灭的贡献。

(三) 品牌名称:阿玛尼(GIORGIO ARMANI)

阿玛尼品牌的创始人是乔治·阿玛尼(Giorgio Armani),也是其首任设计师。阿玛尼在1975年创建了"GIORGIO ARMANI"公司并注册了自己的商标。其品牌的设计风格:中性,优雅含蓄,大方简洁,做工考究,集中代表了意大利时装的风格。1974年,当乔治·阿玛尼的第一个男装时装发布会举办之后,人们称他是"夹克衫之王"。1984年,阿玛尼公司创立低价位品牌安波罗·阿玛尼。时至今日,阿玛尼公司的业务已遍及全球一百多个国家。除了高级时装GIORGIO ARMANI之外,还设有多个副牌,如成衣品牌Emporio、女装品牌Mani、休闲服及牛仔装品牌Armani Jeans等,其中产品种类除了服装外,还设有领带、眼镜、丝巾、皮革用品、香水等。Emporio Armani是非常成功的品牌,"Emporio"的意大利语的意思是指百货公司,即"Armani百货公司",这是ARMANI的年轻系列的牌子。在两性性别越趋混淆的年代,服装不再绝对是男女有别,乔治·阿玛尼即是打破阳刚与阴柔的界线,引领女装迈向中性风格的设计师之一。阿玛尼在校内主修科学课程,大学念医科,服兵役时担任助理医官,理性态度的分析训练以及世界均衡的概念是他设计服装的准则。阿玛尼创造服装并非凭空想,而是来自于观察,在街上看见别人优雅的穿着方式,便用他的方式重组再创造出属于他自己风格的优雅形态。许多世界高级主管、好莱坞影星们就是看上这般自我的创作风格,而成为阿玛尼的追随者。好莱坞甚至还流行过一句话:"当你不知道要穿什么的时候,穿阿玛尼就没错了。"茱蒂佛斯特就是阿玛尼忠实的拥护者。

我们暂且简单介绍这三个知名品牌,当然世界上还有许多其他的著名服装品牌,例如夏奈尔、路易·威登、古奇等,我们在这里不一一介绍了。总之从上面的著名品牌发展史我们可以看出,这些品牌都经历了几十年甚至上百年的发展才有今天的成绩。所以我们的企业发展品牌要一步一个脚印地去走，把基础打牢，把与品牌相关的一切工作都做好，避免出现伤害品牌长期利益的短视行为。

第二节　我国服装品牌的发展现状

我国改革开放30年来，服装行业产生的丰硕成果可以用一句话来概述——有了很大的发展。但是在肯定成绩的同时也出现了一些问题，目前我国的服装业整体来说还处于初级水平阶段，许多企业靠和国外名牌服装企业合作赚取加工费，出口的服装便宜得惊人，有时为了保住定单，甚至低于成本价。行业之间恶性竞争，最终受益的是国外的经销商。因此，大家纷纷提出种种建议，如“创品牌、搞科研”等等。目前大家都认为我国服装企业的出路在于创品牌，于是创品牌做强企业成了人们的口号。品牌对于企业来说非常重要，中国工业经济联合会主席团主席刘瑞旗说，在发达国家，国民生产总值中60%的部分来自品牌产业创造的价值，像拥有众多全球著名品牌的美国，完全可以不需要制造业，而只需要通过经营品牌，就可以创造出不菲的价值。而我国国民生产总值中只有不到20%的价值是由品牌制造业所贡献的。特别是随着2008年以来的全球金融危机对于我国服装出口的严重影响，拥有自己高附加值的品牌更成为人们关注的话题。但是这几年我国服装企业品牌的建设整体来说不算太好，因为许多服装企业也认识到，只有创出自己的品牌，企业才能重新有所发展，因此各种各样的服装品牌像雨后春笋一般纷纷亮相，大家都在宣传自己是服装名牌，有着领先的设计，可是许多品牌设计却又非常相似，于是为了争夺市场，许多企业又动用价格战，不久许多“品牌”就开始销声匿迹了。为什么会出现这样的情况？因为我们国家的服装行业不同于发达国家，我们不能简单地照抄别人的模式，我们要充分认识自己的境况，发展出一条适合自己的品牌道路。

一、国内的服装企业现状

我国的很多服装企业——特别是沿海城市的企业——是从给国外的品牌加工服装起家的，赚取的加工利润非常微薄，我们卖的是衣服，国外卖的却是品牌。

资料显示，韩国的服装市场上有70%的服装是山东加工的。在胶东半岛有大量的西服、女装和各式内衣等出口到韩国、日本，其中不少是国外的服装大品牌委托山东加工后而返销的。这样就形成了大量的服装属于山东生产而不是山东品牌的格局。如韩国著名服装企业LG时装公司在山东、江苏等地生产出大量的名牌西装返销回国。

当然，正如山东服装行业协会有关人士所说，大量来自国外的“贴牌”服装给山东服装业带来了很难得的学习机会，但总是停留在学习阶段而自己没有创新，则肯定会逐渐失去市场。据统计，2007年山东纺织业的出口创汇额占全省外贸出口创汇额的30.3%，而其中的57.98%来自服装业。但遗憾的是，在所有的服装出口中，只有“兰雁”等个别企业打的是自己的牌子，绝大部分不过是以别人的名义走出了国门。结果，我们挣的只是加工费这个小头，而巨大的品牌效益则是别人的。

不可否认，我国很多的品牌是从贴牌起步的，经历了仿制、贴牌、造牌几个阶段。但是他们的成功证明，即使有稳定的海外订单，可以过着衣食无忧的生活，但终归也要受制于人；尤其是2008年以来的全球金融危机使得我国服装出口受到严重影响。我国的服装质量过硬，但品牌不响，当务之急就是从贴牌加工转向创造自主品牌，力争直接到国内乃至国际服装市场中拼抢。

服装生产在国内有着举足轻重的地位。然而服装业整体水平并不高，中低档产品所占比重大，高附加值产品占的比重太小。这其中一个重要的原因就是缺乏品牌经营意识，而一味地进行“贴牌”加工生产。目前已经有很多企业意识到了这些，开始由国外企业加工逐步向自己创立品牌转变。我国服装企业经过多年的发展，现在已经打造了许多本土服装品牌，目前国内的服装品牌很多，我国比较知名的服装品牌有杉杉、波司登、红豆、罗蒙、报喜鸟、雅戈尔、鄂尔多斯、庄吉、阳光、柒牌、洛兹、太平鸟、美特斯·邦威、法派、森马等。这已经证明我国的服装品牌正在逐渐崛起。而且各地区都有一些比较知名的服装品牌，下面举几个例子：

北京：派克兰帝、爱慕、庄子、顺美等；

上海：法涵诗、杉杉、百利安、乔治白、艾格、帕兰朵等；

深圳：阁兰秀、爱特爱、淑女屋、曼缌·汀等；

浙江：报喜鸟、庄吉、法派、雅戈尔、红袖、罗蒙、万事利、秋水伊人等；

福建：金犀宝、七匹狼、柒牌等；

江苏：波司登、龙达飞等。

虽然上述品牌在国内的知名度很高，但是比起一些国外品牌在中国的表现，还是相差很远。例如国内的高端市场已经被GUCCI、PRADA、LVMH三个品牌牢牢控制，代表大众时尚的一些服饰品牌GAP、优衣库、ZARA等也创造了很好的销售额。所以我国的服装品牌还有很大的发展空间。

目前我国许多服装企业已经意识到了自主品牌的重要性，都在探索品牌的发展道路。例如羽绒服品牌波司登通过数十年专注羽绒服领域，以专注细分市场、多品牌应对市场变幻的竞争策略，具有前瞻性的国际化战略意识，在迎来真正的品牌美誉的同时，也积攒了更多的企业全面国际化支撑点。波司登以创世界品牌为目标，积极参与国际竞争，不断开拓国际市场。至今，波司登产品已成功打入日本、美国、加拿大、俄罗斯、瑞士和蒙古等国家市场。除此之外夏蒙品牌也在积极进军国际市场，他们为了打开国外市场树立良好的形象，正式签约好莱坞巨星皮尔斯担任夏蒙品牌的形象代言人，并聘请意大利、英国、加拿大、香港等国家和地区的广告、摄影专业人士，在英国完成了品牌广告拍摄任务。除了企业自身的努力之外，国内相关的地方政府也积极地采取措施帮助企业打开国外市场大门。2005 年在江苏苏州建立了一个力推国内服装品牌进入国际市场的绿色通道——中国国际服装城。中国国际服装城定位为中国的世界时装之都，是一个集设计、研发、发布、展演、信息、培训、物流、交易、服务和休闲等功能于一体的集约型国际 CBD 中心。其中国际服装专业会展中心将成为全国最大的服装专业展览厅，并将与国内纺织服装专业协会联合举办全国服装服饰专业主题展览及业内大型专题会议。世界精品贸易中心将引进数百家国外服装企业，成为国内服装企业直接对话国外的窗口。研发设计培训中心将引进国外设计流行研究和其他服装业的专设机构，使店面陈设与管理尽快与国际接轨。

二、国内服装品牌建设中存在的问题

进入 21 世纪，服装的消费不仅仅是款式的竞争，更是品牌的竞争。一件中国制作的服装卖给外商可能只有 100 元，到了国外他们的标价可以达到 1 000 元甚至更高。为什么一个意大利的皮钱包、日本的一件小礼品就能卖到好几百元，一瓶小小的法国香水甚至能卖到上万元？这里牵涉的都是品牌的问题。目前我国的服装企业在进行品牌建设中还存在着以下做法上的问题：

1. 品牌定位雷同，缺乏独特的核心诉求

品牌定位，就是要为自己的品牌树立一个明确的、有别于竞争对手的、能在消费者心里占据一席之地的形象。但我国的品牌往往不太注意品牌的准确定位。例如我国的几大西服品牌市场定位非常相似：一是品牌定位的层次都是中高档：价格在 1 000～5 000 元之间；二是品牌都以好男人或成功男人的形象出现。由于定位相似，所以设计的广告主题也很相似。

如果去看一下各公司的网站和它们的宣传广告，我们很难区分出它们。如下面是三家服装公司的企业使命目标和关于品牌的表述：

企业 1：目标，创国际名牌，建百年企业；宗旨，让消费者满意，使合作者发展；理念，装点人生，服务社会。

企业 2：以振兴民族服装品牌的使命感与拼搏进取的团队精神，来共同塑造敬业、谐美、向上的企业文化，进而实现集团管理现代化、产业规模化、产品多元化、资本社会化、品牌国际化，以保障企业不断走向辉煌，永续发展。

企业3：目标锁定国际名牌产品，由知名商标到著名商标再到中国驰名商标。我们的发展方向是产业规模化，经营国际化，管理现代化，队伍职业化，股份社会化。

2. 品牌形象朝令夕改

坚持统一的品牌形象是一些国际品牌走向成功的法则。经验告诉我们，如果品牌形象朝令夕改，最终将无法建立强势品牌。例如我国著名的某体育服装品牌近十余年来花费了1.5亿元做各种各样赛事的赞助，他们以为自己挺有性格。但调查的结果是，消费者认为该品牌像他们身边一个性格不鲜明的朋友，觉得很亲切，很熟悉，但是就是缺乏鲜明的品牌形象。这让他们觉得非常诧异。该公司12年来换过8个广告，从最早的"中国新一代的希望"到"把精彩留给自己"再到"我运动我存在"、"运动之美世界共享"、"出色，源自本色"等等。该品牌的广告词很有性格，经常被同行效仿，企划人员对此还津津乐道，非常有成就感。殊不知，每年都在改变，到最后就变得面目全非，没有人认识了。坚持品牌形象统一，应将所有能量都往同一个方向努力，让每一个品牌行业都对品牌资产的积累有所贡献，让点点滴滴的传播动作都成为品牌资产的积累和沉淀。

3. 产品的设计技术弱，文化含量小

欧美国家对于时尚设计有着深厚的文化与艺术底蕴，设计思想没有束缚，提倡创新，从古代开始时装风格就是欧洲王室所推崇的一个内容，被整个上层社会所重视，时装被认为是与生活、文化息息相关的一个重要方面，甚至上升为一种艺术的享受，这也给欧洲的时装设计奠定了良好的基础。我国古代的人们也很向往美的服装，在追求美的过程中发现了蚕丝的服用性，并制作出精美的丝绸，还发明了许多纺织工艺与技术。但是这种对美的追求并不是无限制发展的，它受到森严的封建制度的约束。每个朝代都有自己特定的装束，款式与颜色都被朝廷严格控制，服装的变化被限制在一定的范围。服装在古代被看成为等级的标志，而不是作为一种文化发展。因此我国服装文化缺乏自由发展的意识，传统的不同造成了人们认识观念的不同。这也是目前我国国内服装设计能力较差的一个历史原因。

一直以来人们总是认为我国服装品牌近年来在服装的设计上取得了长足的进步，但相对国外的品牌而言，差距仍然明显，总体上产品的设计技术力量不够，推向市场的款式缺乏独特性，相互趋同且流于一般化，很难具有领导市场的能力。也就是人们把我国服装企业没有长足的发展原因一方面归于设计师，但是实际上我国已经有一批水平很高的设计师，只不过是目前的企业没有想办法利用这些设计师，而且只关注目前已知名的一些设计师，并且迷信地认为只有这些知名的设计师才能设计出好的产品系列。实际上这是我国服装品牌的一大认识误区，他们太信任知名设计师而没有信心挖掘有潜力的设计师，并且没有从自身的品牌定位选择合适的设计师。通过下面的案例我们可以看到国外一些知名服装品牌的成功是品牌运营与设计师的完美结合。

案例：品牌与设计师完美组合的古奇(GUCCI)

著名奢侈品品牌古奇在20世纪90年代初由索勒接管，那时古奇公司内一片混乱，而设计师福特在1990年就在古奇公司效力，被索勒任命为公司的总设计师，随后索勒想尽一切办法使公司生产运营恢复正常。为了是让福特能集中精力设计，福特和索勒是做出几乎所有产品线决策的人。古奇旗下各品牌，从定位到秀场展示，无不须经二人之手。他们也的确是古奇的救星和灵魂，正是在索勒的帮助下，福特才用性感前卫的时尚设计将古奇推向时尚宝座，把古奇集团从破产边缘拉回来。

但在2004年，法国皮诺家族花80亿美元收购了古奇集团，令时尚界震惊的是，他们决定让福特和索勒走人，取而代之的是多品牌管理经验丰富的波雷特。原因很简单，索勒和福特的确让古奇集团营收喜人，但是并不会多品牌管理，10个品牌有8个亏损。他们需要能让更多的品牌挣钱的人。在波雷特时代，品牌总监们自己解决问题。品牌总监和自己亲自挑选的设计师合作，决定品牌一切运作流程。这有效地发挥了彼此的积极性。Bottega Veneta 的品牌总监帕西奥·迪马可说："我不再需要别人一直告诉我怎么做了。我知道怎么做，做错了我会想办法解决它。"Bottega Veneta 从其接手时亏损1 000万美元，两年内运营利润已经增加到8 000万美元。

目前 Frida Giannini 是古奇的设计总监，她才华出众，充满热诚，是全球公认的高级时装品牌设计师。Frida 1972年出生于罗马，曾在罗马时装学院(Rome's Fashion Academy)学习时装设计，之后在一家小型成衣公司当过学徒。1997年，她加入 Fendi 担任成衣设计师，在设计了三季成衣之后成为了 Fendi 的皮件设计师。2002年9月，Frida 加入 GUCCI 并出任手袋设计总监。两年后，她被史无前例地提升为配饰创意总监，负责包、鞋、行李箱、小皮具、丝巾、高级珠宝、礼品、手表以及眼镜等产品。担任该职位期间，她以独树一帜的自信和决心令 GUCCI 的配饰业务获得了新生。她重新诠释了 GUCCI 以往的经典元素(如"花卉"丝巾图案和骑士形象)，为古老厚重的传统注入了新鲜活力并带来时尚性感的崭新形象。2005年3月，Frida 被任命为 GUCCI 女装成衣创意总监，同时兼管所有配饰产品。2006年1月，她也开始接手男装系列,从此 Frida 成为了 GUCCI 品牌唯一的创意总监。Frida 将清新鲜活的创意和令人愉悦的视角与她对 GUCCI 传统风格的诠释完美结合,赢得了全球时尚人士的热烈追捧。同时,她的设计也获得了好莱坞的青睐,在星光大道的红地毯上频频亮相。Frida 频繁的旅行经历不断地拓展着她的创作灵感和文化体验,而多姿多彩的生活更令她深谙现代女性的需要。她在追求事业成功的同时,亦不忘与亲朋好友共享欢乐与亲昵,在工作与生活间找到了绝佳的平衡点。得益于罗马阳光式的生活,Frida 拥有温暖、乐观的个性,堪称意大利生活方式的完美体现。([美]莎拉·盖·弗登《古奇王朝》)

案例讨论:如何看待服装品牌与设计师之间的关系?

从以上案例我们可以看出,古奇并不是依赖一个设计师获得成功,每一任设计师都与品牌成为完美组合,设计师也细心地呵护这个品牌,才使它几十年不断获得成功。正如郎咸平所说的那样,我们的企业应该成为一个系统,公司里的每个人应成为这个系统中的一个螺丝钉。

4. 服装设计融入中国元素不足,进军国际市场信心不足

国际服装品牌一直是被国外服装公司独享,对于大部分习惯于只管加工不管销售的中国服装企业来说,就算是财力雄厚,但是打入国际市场的信心也不够。就算是有的企业已经喊出口号,但是如何去走?服装品牌不能脱离产品的功能与设计的属性,但是在设计方面我国的许多设计师往往跟风有余创新不足,更不敢融入中国的艺术元素,没有自己的特色怎么能够被人认可?我国的利朗品牌正在尝试打入国际市场,利郎 2007 年代表中国男装品牌第一次走上意大利男装时装周,利郎设计总监计文波也同时代表中国服装设计师第一个走上这个顶级男装舞台。利郎的总裁王良星接受《晋江经济报》记者采访时说:"利郎米兰时装发布会最大的成功就是改变了中国服装在意大利人心目中的印象,让他们看到了中国服装深厚的文化和创造性。以前中国服装在意大利人的印象中很差,他们以为中国服装只会拷贝,他们担心中国服装进入米兰时装周会盗版他们,冲击他们整个时尚市场,降低他们整个服装周的档次。通过这次米兰之行,我们对打造利郎的国际化还是很有信心的。中国服装要走向世界,一定要有自己的东西,要有民族的特色。现在我们要做的就是如何把国际时尚本土化,把民族文化时尚化。中国服装走向世界是必然的,我们需要的只是一点时间。"试一试才知道水的深浅,对于我国有实力的服装企业来说应该有信心走出自己的第一步。

目前我国的某些服装品牌,或通过与国际跨国公司合作,或自己在意大利和法国设立服装设计室,但仍然以翻版、仿制为主,原创性的设计明显不够,各公司大多缺乏高水平的设计师。在我国服装企业中,有公众性知名度的设计

师几乎没有。这与国外企业的一个品牌至少有一个名设计师形成了鲜明的对比。同样重要的是，我们国内的企业缺乏对市场深入的研究。服装是一种个性化的消费，一个人的服装是个人兴趣、爱好、地位、品位和个性的全方位的展示，只有深入了解，接近他们甚至融入他们的生活才能真正完全把握。欧洲品牌设计流程就是先要求他们的市场营销部门确定其品牌所吸引的目标顾客的不同类型，及不同类型的顾客提出的不同要求。只有在市场营销部门提供了详尽和准确的报告之后，设计人员才开始设计相应的服装。由于以上方面的缺乏或不足，我国服装品牌的文化内涵始终显得比较肤浅和过于直白。

5. 品牌缺乏整体规划

品牌是消费者认知中有关产品经验的总和，从产品性能、品质、包装、价格到销售环境，从产品陈列、售点广告、卖场气氛到销售说辞、服务态度、员工行为，从企业声望、媒介舆论、大众口碑到广告气质、设计风格，这些点点滴滴的细节都会影响消费者对品牌的理解，从而影响其购买决策。所以企业发展品牌要有一套整体规划，产品设计、品牌设计、渠道建设、终端形象设计等是一个系统连贯的过程，企业对每一个品牌的发展过程都要规划设计，而且还要前后兼顾。我国部分服装企业在品牌经营的过程中做过很多努力，但是缺乏系统的品牌规划，只重视品牌的一个方面，没有把品牌的各个方面做到位。所以仅产品好、包装好、概念好，或仅广告好、通路好，都不够。因为消费者有太多的选择，一旦发现一点不足就有可能弃你而去。要成功得更快而更持久，你必须像所有成功的国际品牌一样重视品牌的全面建设，在每一个细节上都竭尽全力。

三、品牌建设对于我国服装企业的重要性

1. 品牌已成为企业最重要的资产

21世纪是名牌争夺天下的世纪，面临着更加激烈的竞争环境，进入了品牌竞争时代，市场竞争是产品质量、技术服务和价格等诸要素的竞争，诸要素的竞争最终要通过品牌竞争来实现。以名牌的经济实力为后盾来分割世界资源、拓展全球市场，将是国际经济运行的一大特点。当今，企业间的竞争已由单一的商品质量竞争，转向综合经济实力的竞争，而综合实力的竞争，最终是创建强势的品牌。谁要想成为一个优秀企业家，谁就要懂得并能熟练运用品牌战略。

在国际上最强势的品牌，像“可口可乐”、“万宝路”，价值达到了几百亿美元，这个数字超过了它们一年的销售收入，超过了他们全部有形资产之和；从国内的情况来看，“海尔”、“长虹”等一些强势品牌，价值也达到了几百亿元人民币，这些数字也足以超过它们自身有形资产之和，品牌资产在企业资产中

的重要性由此可见一斑。此外，更重要的是，品牌资产能够为企业带来巨大的收益，包括显性收益与隐性收益，显性收益主要指强大的品牌资产能够顺利地打开产品的销售通路和促进销售，并能够维持产品较高的利润率；隐性收益主要指强大的品牌资产能够有效提升和保持企业在社会公众（消费者、客户、人才等）心目中的形象和地位，从而能够全面提升企业的综合竞争力。

2. 消费者的购买行为日趋感性，品牌成为促使购买的首要因素

随着人们生活水平的提高和购买力的增强，很多人在购物时，价格已不再是他们的首要考虑因素，往往他们更强调一种感觉、一种精神、一种向往，尤其是作为最贴身、最能体现一个人的身份、品位及风格的服装产品，品牌犹如其生命，在日益激烈的市场竞争中，品牌致胜已经成了服装竞争的不二法则。穿一件什么样的服装，不可避免地体现一个的品味和风格。决定一个人购买服装的最大动因，就是服装的品牌。

3. 产品日益同质，创建强势品牌是中国服装企业的必由之路

随着企业生产技术的发展，不同企业生产的同类产品之间的差别，不管是从技术上还是从质量与外观上看，都变得越来越微不足道，虽然不同的企业都在打着不同的概念进行宣传，但普通消费者往往却很难分得清楚这些概念，因而在市场上，他们一般都是择牌购买，选择一个自已最喜欢最信任的品牌作为购买对象，这时候，品牌就成了消费者选择的最主要依据。尽管中国服装企业近年在品牌建设上取得了巨大的进步，但象征品牌市场成熟的强势品牌却仍处于竞争发育之中，品牌价值并不高，许多业内人士就发出了“服装难做钱难赚”的感叹。与此形成鲜明对比的是，众多欧美服装品牌纷纷涌入我国，专卖店开了一家又一家，大有横扫中国服装行业的态势。意大利的皮尔·卡丹、法国的圣·罗兰早几年就在我们眼皮底下生根发芽；美国的 PLAY BOY 跟随着牛仔的节奏入侵我国，由广州欧盟公司行使代理权。坦率地说，现在的中国服装市场能被消费者认同并已形成消费心理定势的许多是国外的品牌服装。

一流企业卖品牌，二流企业卖产品。如今，中国的服装产业已跨进了以品牌竞争为核心的新时代，谁拥有强有力的品牌，谁就拥有了竞争的资本，进而打出非常有力的市场营销战役；如果没有，那广告、包装、推广和公关等其他营销活动都将不能帮助实现预期目标，企业最多也只是商品流通公司。企业间的竞争已由单一的商品质量竞争，转向综合经济实力的竞争，而综合实力的竞争，最终是创建强势的品牌。品牌战略将能驱动经营战略，品牌战略管理绝不仅仅是形象设计、广告传播及促销活动，而是一种思考方式，是一项资源再造，是一个动态的经营系统。尽管品牌是一门大生意、大资产，但目前许多经营者对品牌管理还停留在表象的认识层面上。真正意义上的

品牌战略管理需要全面整合企业经营资源，系统地开辟新的业务范围，创建市场竞争优势。

假如公司没有进行真正意义上的品牌塑造并进行长期的战略管理，那么就不可能取得一流的财务业绩，也不可能获得广泛的认同。市场犹如汹涌澎湃的大海，企业仿佛是大海上的一艘船，要搏击风浪，奋力突围，品牌将能引领市场方向，品牌是经营战略的王牌。创建强势品牌，无疑是参与竞争的必由之路。从下一章开始我们进行品牌塑造的学习。

案例：坚持自己的风格——Jil Sander

极简主义一向不愁追随者；但是很少有设计师能够像 Jil Sander 那样将其作为一种艺术而细细研究。

Jil Sander 的简洁才是最具有说服力的。Jil Sander 的服装在肩部有完美的线条，很多设计师都追求简洁的剪裁可是方式都错了。Jil Sander 女士曾被女装日报授予“Queen of Clean”的称号，她由于自己节俭的美学和简洁的线条而闻名。

1943 年 Sander 出生在德国的 Wessbel Buren，她在汉堡长大并成为一名纺织工程师。使得她得以声名远扬的清醒设计是她针对德国战后的简朴主义所作出的反应。“当我小的时候，我观察身边的女性，并认为他们应该是优雅的、雍容华贵的。”Sander 曾经在一次采访中这样说。

Sander 后来到了洛城，为《McCall's》杂志和德国时装杂志《Constanze and Petra》做记者并开始涉足时装业。1968 年她开始自由设计。随后开设了自己的第一家时装专卖店。1973 年她举办了自己的第一场时装展示会，但是反响平平。当她在巴黎展示的时候，几乎没有受到什么重视。Sander 感到失望但是没有放弃信心，她离开了巴黎回到汉堡。就这样一直持续到 1980 年，直到和来自日本的三位设计师一系列破冰的举动打破了时装界的传统，此时 Sander 才找到了自己的位置。

美国设计师 Lawrence Steele 曾经这样评价 Jil Sander，“她的服装是最好的，一件 Jil Sander 的服装可以让你穿上十年，然后再将它留给你的女儿”。Jil Sander 以她的卷边长裤、轻如羽毛的上衣以及轻便夹克而闻名遐迩。她摒弃一切多余细节，拉链和钮扣被完全摒弃。她用带褶皱的布料包裹身体，在适当的地方别一个卡子，采用斜向裁剪来突出线条。她采用的颜色多为中性，布料现代但不夸张。

与 Francisco Costa 和 Helmut Lang 等设计师不同，他们的服装一眼就可以认出来，Jil Sander 独到的设计是别致的，且举世无双。连 Jil Sander 的网站都极简到可以只有一张图片。

一向以时装艺术性著称的 Prada，仍然留不住 Jil Sander，她两度愤然离开；尤其是 2004 年底 Jil Sander 的第二次离开直接造成 Jil Sander 品牌的 06 年春夏系列男女装只能在总设计师缺席的情况下由设计团队完成；不过团队创作是向品牌设计传统精华寻求灵感，反而令这季的男女装呈现出 Jil Sander 轻盈而和谐的人文气质和特征。

刚刚过去的 09 年春夏 Milan 时装周，Raf Simons 的 Jil Sander 几乎成了唯一的亮点。

但有人开始想起 Jil Sander 本人来了，这个极简主义的代表品牌自成立以来就命途多舛，此番归入日本公司旗下，是从此能够稳定下来还是只是在其动荡史上再添一笔？

每一次转手，人们最关心的问题就是那位被称为“极简女王”的 Jil Sander 公司创始人、首席设计师、曾经的领导者会不会回到这个以她名字命名的公司。

如果从她开第一家个人精品服装小店算起，Jil Sander 做这一行已经有 40 年的历史了。1973 年，她创立了这个品牌和公司，并成功地带领这个品牌走过了 26 年。这个有着 35 年历史的 Jil Sander 公司的新主人是日本服装集团 Onward。2008 年 9 月 2 日，它以 1.67 亿欧元（约合人民币 17 亿元）的价格从 Change Capital Partners(CCP)手中收购，这个价格是当年 CCP 买下该公司时的 3 倍。同时 Onward 还替 Jil Sander 偿还了 4 500 万欧元的债务。

Jil Sander 在设计师领域的才华和际遇容易让人想起 IT 业中的 Steven Jobs。她这个时装设计界的天才，不乏经营上的成功，但最终离开自己创办的公司。

Jil Sander 一开始就让这个品牌与众不同，它不像 Karl Lagerfeld 或者 Jean Paul Gaultier 会跟随最新的流行乐或者街景调整设计方向，Jil Sander 一季接一季地出现，从来都不新潮，没有过度的设计，却精工细作。

同时有别于 Giorgio Armani、Calvin Klein 为争夺全球穿着考究的女性竞争，Jil Sander 的顾客是绝对的精英，低调和对于品质的兴趣是她们的标签。她从不把女性当作盛装打扮的玩偶，这正是顾客乐意花 2 000 美元买一件 Sander 羊绒套衫的真正原因。“最好的时装设计师可以把顾客的内心世界和希望通过服装表达出来。”Donna Karan 品牌前设计师助理 Josh Patner 曾这样评论 Jil Sander。

20 世纪 80 年代日本设计师三宅一生、山本耀司、川久保玲的走红带动了人们对服装新线条的关注，Jil Sander 一直以来注重基础线条的设计也迅速得到追捧，对于黑、白、灰三色的广泛应用和对于面料剪裁极端的追求成为她的标签。1988 年，她成为第一个在米兰举办时装展的德国设计师，与阿玛尼和范思哲齐名。

Jil Sander 的衬衣可以穿十年以上，然后还可以把它传给自己的女儿，早已成为时尚圈的佳话，足见其款式之经典，做工之可靠。也正是如此，该品牌成立 30 年一直保持稳定盈利。

如果不是被 Prada 收购，Jil Sander 会怎么样？那个时候，公司运作成熟，并且可以走上扩张的道路。当时 Jil Sander 共拥有 30 家直营店铺以及 126 家授权代理商，其服装系列出现在全球 12 家连锁百货中心及几百家独立精品店里。公司大部分收入都来自这些服装的销售终端。这恰是其它品牌最难赚钱的产品线。Jil Sander 已经很像一个成熟的经营者了，此时 Prada 收购了它。

1999 年 8 月 31 日，意大利时装集团 PRADA 宣布购买 Jil Sander 75%的股权，Sander 本人仍是公司领导，PRADA 首席执行官 Patrizio Bertelli 则成为 Jil Sander 的监督董事。都说并购应似互补的婚姻，但这次联姻却仿若相似的灵魂相遇：两个品牌都代表着理智和后现代品味，Sander 和 Bertelli 两人也都以才智和远离世俗著名。这次收购帮助 PRADA 在德国的开店立足节约了成本，同时也让 Jil Sander 优先股值在一个月内增加了 9%。

然而好景不长，2000 年 1 月 24 日，Sander 宣布辞去公司总裁及首席设计师职务。对于原因她和公司双方都三缄其口。虽然具体分歧不得而知，但 Prada 希望扩大该品牌的配饰业务，这也许需要牺牲掉一部分高级成衣线；Sander 则是为数不多的把 90%的业务都放在制衣而不是鞋子、包和其他配饰上的奢侈品牌设计师之一。同时，Sander 大量运用昂贵面料使得一件剪裁看似极为简单的毛线衫都会定价在 800 至 900 美元，PRADA 很可能因此要求 Sander 调整价格结构。

Sander 离开时，1999 年 9 月达到每股 352 美元的公司股票跌至 226 美元。Jil Sander 公司之后的经营更是步履蹒跚，甚至出现亏损。2001 年品牌亮起红灯；2002 年在伦敦和纽约开新店更让公司雪上加霜，当年损失达到了 3 040 万美元。

这个故事告诉我们，一个品牌背后的财政支持者如果小看了设计师与其忠实客户之间的纽带关系有多紧密，那将会带来怎样的浩劫。更何况这次是 Jil Sander 这样的设计师和穿 Jil Sander 的女士们。

Sander 回到了德国照料花花草草，接班人是曾经效力于 Gucci 集团的 Milan Vukmirovic。没有了 Sander 的 Jil Sander 总有点不伦不类，对于她的忠实粉丝来说它已变得过于生硬，同时却又不够时髦去吸引新的顾客。

2003 年 5 月她回到自己创立的品牌，与 Prada 签下 6 年合约。然而 2003 年对于整个时尚产业来说并不是个好年头，Bertelli 评价说："美国人担心恐怖分子而不再旅行，日本人也因为害怕 SARS 整天呆在家。”和其他竞争对手一样，Prada 指望着游客和商务人士在旅行时购买奢侈品。然而，极简主义已没有当年的风头。

尽管如此，Sander 毕竟是继 Coco Chanel 之后最了解自己顾客优缺点的设计师，她用裙装上位置完美的拉链帮那些女精英们传递出了最好的自我，她们为 Sander 的回归高唱赞歌，而 Bertelli 则希望 Sander 的回归能带领品牌在 2005 年重新盈利。

Sander 的再度离开无疑会多少伤害到客户的忠诚度。“时尚最重要的是其连续性，女人们渴望自己能够信任、依赖某些事物。”巴尼斯纽约精品店时装总监 Julie Gilhart 说。

经历了 5 年多的责难，Jil Sander 迎来了新掌门——时年 37 岁的比利时设计师 Raf Simon。凭借其创立的“第四性（尚未拿到公民权的青少年）”形象在男装界确立了领袖地位的 Raf Simon 在 2005 年 7 月 1 日走马上任并且不辱使命，其 2008～2009 的秋冬系列获得了最新 ELLE Best Collection 奖，这是这个品牌近几年最值得称道的成绩了。

2006 年 2 月，就在 Raf Simon 在米兰首次发布了 Jil Sander 女装系列并大受欢迎之后第三天，一群资本家嗅到了价值。CCP 这家当时已成立 3 年的伦敦私人直接投资公司宣布要从 PRADA 手中买下 Jil Sander。

被 CCP 接手以来，它已经从 2005 年亏损 1 290 万欧元翻身到 2007 年盈利 610 万欧元。与此同时，公司在美国、欧洲以及日本的业务也都得到了加强。

但资本家毕竟是资本家，面对 3 倍的买入价和偿还 4 500 万欧元的债务的诱惑，CCP 还是理所当然地把 Jil Sander 卖了，Onward 获得了这个品牌。

这个 2007 年 3 月才成立的日本服装集团对于欧洲时装市场来说已经不是新面孔了。这家以设计、生产与零售服装为主要业务的公司旗下拥有意大利著名制造公司 Gibo，今后 Jil Sander 便要归入 Gibo 管理。Onward 近期在欧洲奢侈品市场频频出手，购入了为 Marc Jacobs、Chloe 以及 Viktor & Rolf 生产鞋子的 Iris 公司以及在全球拥有 60 多家销售点的英国奢侈品牌零售商 Joseph。

Onward 希望借收购 Jil Sander 进一步加强其在海外市场的运作。Jil Sander 在美国、欧洲和亚洲也都有所经营。2009 年，把 Jil Sander 算在内，Onward 的欧洲业务有望达到 4.7 亿欧元的销售总额。（http://baike.baidu.com）

案例讨论：坚持风格对于品牌建设的重要性。

课后习题：你认为国外一些知名品牌成功的原因是什么？

三、我国的服装品牌发展模式

(一) 设计并制造品牌

设计并制造品牌指既具有设计能力又具有生产能力的企业所塑造的品牌。对于一些有实力的企业，比如雅戈尔、鄂尔多斯等，既有设计能力，又有生产能力，也有研发能力，这样的企业很有实力进军国际品牌，他们可以集设计、生产、销售、展示、商务为一体，同时还有能力建立服装的上游企业。如雅戈尔，它不仅有自己的服装生产基地，还建有纺织城，纺织城主要致力于高档色织布、印染布、针织布等的研发与生产。雅戈尔纺织城利用国际资本建设，使雅戈尔在纺织研发和管理方面迅速与国际接轨；通过引进先进技术设备和科学管理方法，除了能够填补国内高档面料生产、印染和整理的空白，还能为自己的服装生产提供高档面料。雅戈尔进出口有限公司，能够为集团公司下属企业产品，包括衬衫、西服、休闲服、领带、针织服装、床上用品等的出口服务。这种企业的整个体系都是为创自己的品牌服务。但是有的企业有此能力但是却没有信心创出自己的品牌。笔者曾参观过一家国内大型的纺织服装企业，它生产的布料质量在国内外领先，而且花色品种很多，主要出口国外，销量很好。这家企业也想用自己的面料生产服装，创建自己的服装品牌，但是做了一段时间，销量一般，于是他们认为自创品牌的道路行不通，而且自创服装品牌耗费大量的资金、精力，在短期内不能见效，所以现在干脆只接国外的服装定单，做来样加工，他们做的服装在国外能卖到十几美元以上，但是他们对获得每件几元人民币的加工费已经很满足了。实际上这种现象在我国普遍存在，随着竞争的加剧，短暂的美景将不复存在。

(二) 设计品牌

这个模式的品牌是指企业只有设计能力，没有生产企业，设计出作品后可以找企业加工，这样可以省下精力来进行设计创新与营销。服装行业是一个传统性很强，又是一个不断创新和更新的行业。设计创新，款式翻新，时尚引领，潮流推动，成为一个国家的服装行业的运营灵魂。这类企业可以在一定程度上承担起这个任务，这一点我们可以学习美国的耐克，耐克就是这样一种运营模式的品牌。这类企业可以在国内找到生产合作伙伴，策略焦点完全集中于：

(1) 建立最好的生产运作模式；

(2) 为代工厂商说明新设计与款式；

(3) 维护品质水准

我们可以从下面的案例中了解这类企业的运营：

案例：美特斯·邦威品牌设计之路

美特斯·邦威公司始建于1995年，主要生产销售休闲系列服饰，目前在上海、温州、北京、杭州、中山、重庆、成都、广州、沈阳、西安、天津和济南等地开设分公司，在全国设有专卖店1 500多家。

一、虚拟经营塑造品牌

此公司在国内服装行业率先采取“虚拟经营”模式，走品牌连锁经营的发展道路。1995年4月公司开设第一家“美特斯·邦威”专卖店。2001年，集团在坚持“虚拟经营”、稳步发展的基础上，全面启动品质管理工程，从品牌形象、产品设计与质量、市场拓展、销售服务和信息化管理等全过程提升管理品质，美特斯·邦威集团由此发展成为中国休闲服饰行业的龙头企业之一。

二、全方位进行品牌建设

公司从创立开始，始终把诚信经营作为企业发展的基石，赢得了消费者的信赖和行业的好评；独具特色的经营管理理念和品牌文化内涵，引起了业内和各界的广泛关注，公司从以下几方面进行品牌建设：

1. 品牌形象

公司运用品牌形象代言人、极具创意的品牌推广公关活动和全方位品牌形象广告投放，结合开设大型品牌形象店铺的策略，迅速提升品牌知名度和美誉度。

2. 产品设计开发

公司建立并培育了一支具有国际水准的设计师队伍，与法国、意大利、香港等地的知名设计师开展长期合作，每年设计服装新款式1 500多种。

3. 生产模式

突破了传统模式，充分整合利用社会资源和国内闲置的生产能力，走社会化大生产、专业化分工协作的路子，全国各地200多家生产厂家为公司定牌生产，形成年产系列休闲服3 000多万件(套)的强大生产基地，专业的品检师对每一道生产工序实施严格的品质检验，严把质量关。

4. 经营策略

利用品牌效应，吸引加盟商加盟，拓展连锁专卖网络，并对专卖店实行包括物流配送、信息咨询、员工培训在内的各种服务与管理，与加盟商共担风险，共同发展，实现双赢；实施忠诚客户服务工程，不断提升服务质量。

5. 管理方法

实现电子商务信息网络化，建立了管理、生产、销售等各个环节的计算机终端联网的“信息高速公路”，实现了内部资源共享和网络化管理。(http://www.jeans.gov.cn)

案例讨论：美特斯·邦威的品牌建设有哪些可取之处？

扩充学习：课下查找过于美特斯·邦威目前的经营现状及品牌声誉如何。

（三）制造品牌

制造品牌是指只具备生产能力的服装企业，但是不具备设计能力所塑造的品牌。对于一些实力不强的加工型服装企业，可以从提高制作质量，提高生产效率，打造制造品牌来着手，就是要保质保量，数量上不应该萎缩，还应该继续发展。放弃了量的要求，也就放弃了现实的优势。重点放在结构调整，争取提高生产效率，提高加工工艺水平，能够生产高档次产品，设计标准化生产模式，最大限度地降低生产成本，积累实力，从而达到质的飞跃。这一点我们可以学习一下意大利，回溯意大利时装跻身全球时尚前沿的历程不难发现，它是“加工基础带动设计领先”的一个实证。早年的意大利时装与法国相比也有很大差距，但重要的是，它以品质著称，从给法国品牌做加工开始，逐步跟上世界潮流，并出现了瓦伦蒂诺等一批设计大师，最终将意大利时装推向世界。

案例：严把质量独树一帜

东莞有一家台资企业是专为外商加工皮具的，老板是皮具行业出身，手艺很好。该企业质量要求非常严格，皮包的最后一道工序是喷漆，这也是对技术要求很高的一道工序，老板为了控制质量，最后一道工序经常是亲自上阵。稳定的产品质量使得该企业订单源源不断。

世界上的事物并不是一成不变的，随着发展都有一个从量变到质变的飞跃，制造品牌在保证自己生产工艺优先的基础上积聚财力，同时开始着眼于自己产品的设计上，这样一个新的时尚品牌就会诞生。正像达尔文的理论，物种通过“有利变异”来适应环境，我们的企业也要进行“有利变异”来适应入世后整个市场环境所带来的变化。

课后思考题

1. 国际知名服装品牌的优势在哪里？
2. 我国服装品牌目前遇到的问题有哪些？

课后预习题

1. 服装品牌的核心价值是什么？
2. 举出几个服装品牌的定位。

第二篇

塑造服装品牌

第三章 服装品牌定位

第一节 服装企业的核心价值

要进行品牌建设，企业所做的首要工作不是单纯从品牌入手，而是要明确企业的核心价值。因为品牌建设要围绕着企业核心价值展开，如果品牌与企业核心价值不一致，它将会成为企业发展的障碍。所以品牌发展必须与企业战略保持一致。

一、什么是企业的核心价值

企业的核心价值是企业发展的精髓，它不是简单的标语，也不是简单的口号，它是企业长期发展所沉淀下来的，并被企业所清晰认知的一种理念，这种理念是该企业所特有的，并以此区别于其他企业的，是企业行为的准则与赖以生存和发展的本质部分。

企业的核心价值是企业文化的核心，它是企业长期以来所倡导的精神。如果我们分析那些有着百年历史的成功企业会发现，他们的共同特点是一直遵循一个核心价值观。他们在经营发展过程中将其核心价值在企业内全方位渗透。企业的一切行为都将遵循此核心价值，包括企业的生产、研发、投资和推广等，并且企业的内部管理也将遵循此价值，而且此价值将成为企业员工行为的准则。因为企业核心价值明确告诉员工什么是我们应该做的，什么是不该做的，对员工起着一种非正式的意识指导的作用。亚里士多德曾经说过："我们每一个人都是由自己一再重复的行为所铸造的。因而优秀不是一种行为，而是一种习惯。"实践证明，良好习惯是企业群体智慧的结晶，是一笔宝贵的精神财富，是牢不可破的无形力量。企业良好习惯的养成过程就是渗透企业核心价值观的过程。企业核心价值观要变成员工的良好习惯，并不是轻而易举的，必须体现在管理过程中的每一个细节。一方面要建立、健全、完善必要的规章制度，使员工既有看不见的价值观导向，又有看得见的制度化的规范、习惯和准则。理念的生命力就在于管理支持和制度的配套。如华为公司倡导员工学雷锋，但不让学雷锋者吃亏，使自觉遵守“华为基本法”成为员工的习惯；在沃尔玛的成功经验中，有个著名的“10 英尺规则”，即只要顾客在你周围的 10 英尺之内，你就要笑脸相迎。另一方面企业习惯的形成重在养成，持之以恒，特别是通过反映企业核心价值观的生动案例、经常性文化载体和宣传教育活动来潜移默化。比如，内蒙古蒙牛乳业股份有限公司注重格言管理，把企业价值观格言化，在厂区墙上、树丛中、办公楼内随处可见“蒙牛”格言。巨大的生产车间的玻璃窗上，找不到一个手印、一丝尘土的痕迹。仔细观察，在每个玻璃窗的右下方，是一方美丽的“蒙牛”标签，上面写着保管本玻璃窗的管理员工的姓名，这一细节体现了企业价值观制度化与员工行为习惯的统一。

核心价值是企业文化长期积淀和升华的结果，鲜明地体现了无形资源的力量。产品竞争是由技术竞争力决定的，技术竞争力是由制度竞争力决定的，而制度无非是物化了的理念的存在形式。可以说理念才是第一竞争力，谁拥有正确的、不断创新的理念，谁就具有最强的竞争力，而创新的理念来自于创新的、拥有活力的企业文化。在某种意义上说，GE 集团之所以百年不衰，就是因为坚持不懈地推崇三种核心价值观：坚持诚信、注重业绩、渴望变革；海尔的成功也是其理念的成功，创新理念成为海尔生生不息的源泉。著名的海尔定律（斜坡球体论）形象地反映了其发展规律。“企业就像斜坡上的球体，市场竞争与员工惰性会形成下滑力，如果没有一个止动力，球体就会下滑，这个止动力就是基础管理；斜坡上的球体不会自行上升，如果有个向上的拉动力，企业才能发展，这个拉动力就是创新。”这个有趣的定律实际上向我们展示了企业竞争力的一大内容——无形资源优势的力量。

二、品牌的核心价值

（一）认识品牌的核心价值

品牌的核心价值就是企业努力倡导的，并被消费者所认可的一种理念。品牌的核心价值反映了品牌建设所遵循的精神，能与目标消费者取得共鸣的精神。此核心价值反映的是目标消费者更深层次的心理需求，能够提供给目标消费者更多更深层次不可量化的满足。在产品日益同质化的今天，产品的物理属性几乎相差无几，那么在这些同质方面，企业的核心价值应该都是一样的，通过产品的物理属性战胜竞争对手的机率越来越小，而且对于消费者来说如何区分这些同质的产品呢？这就需要各个品牌应拥有各自不同的核心价值以区别其他的同质产品。人们选择品牌往往更在意精神感受,所以说通过品牌卖产品,更是卖精神和文化,品牌核心价值恰恰将冰冷的产品带到了有血有肉有灵魂的精神情感境界,赋予产品生命。例如:可口可乐的“乐观向上”、舒肤佳的“除菌”、海尔的“真诚”、王老吉的“预防上火”、劳斯莱斯的“皇家贵族的坐骑”、沃尔沃的“安全”、诺基亚的“科技以人为本”、雅芳的“女性的知己”、金利来的“男人的世界”…… ,具有核心价值的品牌不仅给予消费者产品本身的属性感受,而且会给消费者留下丰富的情感感受。

品牌的核心价值是企业的核心价值的一部分,因为一个企业可以拥有多个品牌。品牌的核心价值要围绕企业的核心价值展开,如果说企业的核心价值体现在企业员工对企业策略的认识与执行,品牌的核心价值则是存在于看不见的资源—消费者的意识形态里的。二者是相互关联的,并且品牌的核心价值要围绕企业的核心价值。

(二) 品牌核心价值的属性

核心价值应有以下属性:

1. 价值性

具有核心价值的品牌会比其他不具有核心价值的同质品牌带给消费者更多感受,而且会给企业带来更多的收益。

2. 具有鲜明的个性,不可模仿性

核心价值一经建立便是该品牌所独有的,不会被其他品牌所模仿的。就像独特的人会给人留下深刻的印象一样,品牌核心价值的个性越鲜明越能深入人心。当今五彩缤纷的社会,人们的消费日趋个性化,没有一个品牌能成为“万金油”。缺乏个性,趋于雷同的品牌核心价值,会使消费者将后入市场的品牌视为“模仿秀”,使品牌很快淹没于茫茫的品牌海洋中。只有高度差异化、个性鲜明的品牌核心价值才能使人眼前一亮,以低成本吸引消费者眼球。百事可乐的“新一代的选择”、夏士莲的“中药滋养”、宝马的“驾驶的乐趣”、Lee(牛仔裤)的“体贴的、贴身的”、六神的“清凉、草本精华,夏天使用最好”、金六福的“福文化”、戴比尔斯钻石的“钻石恒久远,一颗永流传”、“SK-Ⅱ”护肤品的“高雅贵族”文化气息、555 的“绅士的风度”等,这些卓越品牌的核心价值无一不个性鲜明,栩栩如生。其实,用心洞察消费者内心,发挥创造性思维,我们不难提炼出高度差异、个性鲜明的品牌核心价值。例如,一种红色罐装饮料王老吉在默默无闻地经营 7 年多之后,2002 年确定了自己独特且能打动人心的品牌核心价值——“预防上火”,王老吉从此脱颖而出。“预防上火”这一核心价值具有高度差异性,同时避开了同可乐等国内外饮料巨头的直接碰撞竞争,开辟了自己的生存空间。随着“怕上火,喝王老吉”的系列品牌推广活动的展开,王老吉的销售量直线上升，2002 年王老吉年销量 1.8 亿元，2005 年王老吉年销量超过 25 亿元。

3. 包容性

包容性指品牌的核心价值随着行业技术进步而延伸至新领域，如柯达品牌可以由传统胶卷到图象信息延伸。我们在确立品牌核心价值时，还应考虑到它的前瞻性和包容性。如果随着企业发展，品牌需要延伸，发现原来的品牌核心价值不能包容新产品，再去伤筋动骨地改造，则将造成巨大的浪费。包容性体现在空间和时间两方面。空间上，品牌今后若扩展其他多种类型产品或跨行业经营，就应预埋品牌延伸管线，品牌核心价值应能为多种产品共有。例如海尔的“真诚”，能包容麾下众多产品。时间上，应考虑到它能延续百年不落伍，例如可口可乐的“乐观向上”，一百年也不过时。

品牌核心价值包容力的大小应依据企业经营战略而定。如果企业的品牌发展单一产品，而产品希望突出功能“卖点”从而占领细分市场，则品牌核心价值包容力应小，如海飞丝的“去头屑”、夏士莲的“中药滋养”。如果产品是体现身份或表达情感型产品，或品牌今后要延伸多种产品，则品牌核心价值包容力应大，如海尔的“真诚”，海王的“健康成就未来”。

4. 品牌核心价值能与消费者产生共鸣

一个品牌核心价值只有贴近消费者的内心，才能拨动消费者心弦，从而使消费者喜欢。所以提炼品牌核心价值，一定要揣摩透消费者的内心世界，探索他们的价值观、审美观、喜好、渴望等。例如：力士香皂 1986 年进入中国市场，舒肤佳 1992 年进入中国市场。然而，舒肤佳后来居上，成为现在中国香皂市场的霸主，而力士屈居亚军。分析原因，人们不得其解。论品牌持有者，力士背后是全球 500 强排第 54 位的联合利华，舒肤佳背后是全球 500 强排第 75 位的宝洁；论品牌宣传、产品包装，力士 70 多年来一直请国际影星演绎其“滋润、高贵”的品牌核心价值，产品晶莹，包装鲜艳。舒肤佳请家庭主妇传达其“除菌”的品牌核心价值，产品色泽灰暗、缺少美感。论品牌传播的持续性，双方都是品牌高手，多少年来一直围绕自己的品牌核心价值传播营销。论产品品质，力士芳香滑爽。舒肤佳虽说“除菌”，但内行都知道，国内一个普通日化厂也能生产出这种功能的产品。经过深入研究，人们才发现，力士的“滋润、高贵”不及舒肤佳的“除菌”贴近消费者的内心，这才是其败北的主因。力士的“滋润”固然好，但很多其它香皂也有此功能，因此舒肤佳的“除菌”就显得很重要了，因为除菌才是事关健康的大事！

(三) 品牌核心价值的作用

1. 品牌核心价值是品牌的灵魂

品牌核心价值之于品牌有如灵魂之于人生，品牌核心价值是品牌的精髓，它代表一个品牌最中心、最不具时间性的要素，让消费者明确、清晰地识别并记住品牌的利益点与个性。

2. 品牌核心价值引领品牌识别语

通过这些识别语才使得抽象的品牌核心价值得以形象化，并被消费者所认识。

3. 提高品牌质量，提升品牌资产

增强员工品牌意识，按品牌的核心价值和顾客的生活状态，调整产品结构，提高产品质量，提升品牌资产。

4. 突出品牌个性

达到消费者心理认同，吸引顾客关注，维护顾客忠诚度；形成媒体传播的新闻点。

5. 有利于整合传播

所有的营销活动与理念都要围绕品牌核心价值展开。

(四)目前我国的服装品牌核心价值的不足

1. 品牌核心价值模糊

现在顾客选择某个品牌服装的真正动机是要得到能满足他们心理需要的价值，而不仅仅是服装的物理功能。品牌的核心价值恰恰表达顾客心目中的价值，达成互动认同。品牌的核心价值要想被消费者清晰认知，那你必须拥有清晰的核心价值。国际品牌的核心价值非常清晰，如世界最大的服装商美国VF公司下属品牌 Wrangler 的核心理念是“冒险及挑战极限的美国西部精神”；夏奈尔定位“经典传奇”，在欧美上流女性社会流传着一句话“当你找不到合适的服装时，就穿夏奈尔”套装；在时装界“纪梵西”几乎成了“优雅”的代名词；范思哲表达“性感”；阿玛尼定位“精致的城市生活”。

服装产品的特点是时尚性与服用性能并存，所以服装品牌的核心价值多以这两方面为基础，再向情感方面延伸。但是国内的服装品牌忘记了服装产品本身所带给人们的感受，而追求一种单纯的理念，所以核心价值模糊，缺乏灵魂。例如：某服装广告只扔下一句“不要太潇洒”的广告语，让人摸不清头绪。品牌核心价值日新月异，朝令夕改的现象是许多本土品牌的通病。许多本土品牌在实施品牌战略时，“换个领导人，换个品牌战略”、“换个广告公司，换个品牌定位”，这种现象，模糊了品牌个性，稀释了品牌价值，这也是中国本土品牌昙花一现的原因之一。

我们再来看我国一些服装品牌的核心价值：

雅戈尔——装点人生、服务社会。

庄吉—— 庄重一身，吉祥一生。

柒牌—— 男人就该对自己狠一点，让女人心动的男人。

报喜鸟——闲庭信步，跨越事业巅峰，享受生活本真。

这些服装品牌给消费者带来一些生活理念，并让消费者感知这些理念。这些品牌围绕着企业的核心价值进行了明确的定位。

品牌的核心价值是品牌的灵魂、品牌的精髓。真正理解品牌应该从品牌核心价值开始。所以品牌建设要围绕品牌核心价值持之以恒地传播，才能强化品牌核心价值。万宝路重复出现牛仔形象就是利用“法器”进行“布道”。如今，男人一看到牛仔第一反应就是联想到万宝路。座落在美国北卡罗莱纳州格林斯博罗市的VF公司总部，与纽约第七大道的时尚中心相距甚远。VF公司的前身是1899年创办的雷丁手套制造公司（Reading Glove & Mitten Manufacturing Co.）。为了宣传公司推出的内衣品牌Vanity Fair，VF公司第一次采用了真人模特，开创了真人内衣秀的先河。1970年，VF公司在全美推出了工厂直销店。但是，流行时装并不在VF的考虑范围内。VF公司首席执行官麦克唐纳说：“我们的产品不走时尚路线。”这种经营理念为这家世界上最大的制衣公司带来了巨大的回报。当某个流行风潮逝去的时候，VF公司并不会受到太大影响。

2. 服装企业多元化损害了品牌的核心价值

在产品延伸的过程中，不论是产品的扩展还是品类的增加；不管是行业内的延伸，还是跨行业的驻入，品牌的核心文化永远是产品灵魂之所在。

但是从1997年亚洲金融危机之后，全国刮起一阵多元化之风，美其名曰“不把鸡蛋放在同一个篮子”。服装业也跟风而动，有的服装企业上市后大举进军投资、锂电池、金融、高科技等多元化产业。其他的一些服装品牌不约而同地把多元化产业瞄准房地产。其实多元化只是企业战略选择的一种，并无对错之分，像通用电气GE和华人首富李嘉诚都在开展多元化经营。但它们的前提是，主业稳固和人才贮备、管理达到很高水准。

我国是服装大国，但不是服装强国，还处在品牌创立初级阶段。整个行业的人才，特别是职业经理人和设计师匮乏，信息化水平和管理基础很差。在这种情况下开展多元化经营，是否能成功？试想，如果把投资多元化的钱投入搞服装设计、渠道建设、人才引进，将是个什么景象？不要忘了一个项目投资的“铁律”——投资一定要形成规模，一定要在行业处于强势。

为什么国际知名品牌路易·威登（LVMH）的多元化能够成功呢？法国LVMH集团是世界上最大的奢侈品集团，旗下有服饰、酒类、钟表、珠宝、香水和化妆品等类别，LVMH 、Fendi、纪梵希、摩埃·尚东、CD、轩尼诗等50多个品牌，但这些类别都以“崇尚精致、舒适的”旅行哲学核心理念为纽带。

应该学习美国服装企业——VF 公司，其年净收入达 500 多亿元，在世界各地拥有 5.6 万员工。它一直坚持服装专业化之路，通过并购美国和欧洲的服装企业或品牌，经营牛仔、工装、内衣、童装和户外运动服，建立包括 Lee、Wrangler、The North Face、Nautica、Lily of France 和 Bestform 等在内的五十多个国际知名品牌的服装王国。

3. 品牌核心价值变化多端

持之以恒地维护品牌核心价值，已成为许多国际一流品牌创建百年金字招牌的秘诀。品牌核心价值一旦确定，就应该以滴水穿石般的定力，持之以恒地坚持维护下去。企业的一切营销传播活动，从产品研发、价格、包装、广告、公关、赞助、促销到新闻炒作、软文宣传、市场生动化、售后服务等都应该围绕品牌核心价值去演绎。在企业漫长的岁月中，“咬定青山不放松”，不为风吹雨打所动。这就意味着企业的每一次营销活动、每一分钱广告传播费都要加深消费者对品牌核心价值的记忆和认同，都要为品牌做加法。

品牌核心价值应从纵向和横向两方面坚持。横向坚持体现为，同一时期内，产品的包装、价格、广告、公关、促销、市场生动化等营销传播活动应围绕同一个主题和统一的形象。纵向坚持体现为，1 年，2 年，10 年等品牌不同时期的表达主题和形象应围绕同一个品牌核心价值。许多实践证明，一个不断推出平庸广告但信息一致的品牌，比一个时常有精彩广告但主题朝三暮四的品牌成功的概率大得多。

百年辉煌的“可口可乐”，从 1886 年至今，用过的广告语达几十多条，代言人物、广告情节也变了又变，但其演绎的“乐观向上，勇于面对困难”的核心价值百年未变。百事可乐，当初没有明确定位之前，也是倍受挫折，后来确定了“年轻一代的选择”的核心价值，并持之以恒地坚持它，终于得以与可口可乐平分秋色。国际强势品牌，年复一年，持之以恒，几乎从不轻易改变自己的品牌定位，从不放弃对消费者所做的承诺，品牌形象自然得以在消费者的心目中历久不坠。

造成目前这种品牌核心价值变化多端的情况的原因在于目前许多企业还未深刻地认识到品牌核心价值持久不变的重要性，营销传播时常受市场环境的影响，从而偏离了核心价值的轨道。而且，企业频繁更换广告公司，而各广告公司为展示自己技高一筹或多赢利，策划宣传往往“各自为政”，没有统一的主线，从而使广告诉求主题不断变化。另一方面受我国一种做“大企业”思想的影响，服装企业的领导们总在考虑如何将“蛋糕”做大，片面追求市场覆盖率，而市场定位没有细分。

案例：LACOSTE“鳄鱼”的历史

“鳄鱼”品牌创始人 Rene Lacoste 先生原是法国网球队“四骑士”之一，曾赢得三次法国网球公开赛、两次英国温布尔登网球大赛及两次美国网球公开赛冠军。一次比赛前，Lacoste 偶然在一个商店的橱窗里发现了一只精美的鳄鱼装饰皮箱，对其爱不释手，细心的领队发现后，遂提议以此皮箱作为比赛胜负的赌注。此事作为比赛花絮被新闻界大肆渲染。Lacoste 以其灵活的身段、精湛的球技及在赛场上的出色发挥，赛后被新闻媒体以“赛场鳄鱼”为别号称谓，以象征他在网球场上像鳄鱼一样咬住目标不放的每球必追、奋斗不懈的比赛精神。事后，一位酷爱网球运动的社会名流送给 Lacoste 先生一件绣有鳄鱼图样的运动衣，Lacoste 对它非常珍爱，每逢大赛必穿，藉此为自己带来好运气。这一做法，引起当时许多青年和追星族们的效仿。在 20 世纪 30 年代，网球场上的标准穿着是白色法兰绒裤子和机织布钮扣衬衫，袖子卷起。Lacoste 对这个传统提出了挑战，在比赛时穿着绣有鳄鱼标志短袖针织衫。这种衣着在比赛中既舒服又美观，短袖子解决了长袖卷挽经常掉下来的问题，领子柔软翻倒，针织棉套衫透气性好，而衬衫下摆可以塞在裤腰里。

1933 年，Lacoste 退出职业网坛，针对当时网球运动日益普及，却没有合适的专业网球运动装的状况。Lacoste 与法国最大的针织公司负责人 Andre Gillier 合作，创设了 LA CHEMISE LACOSTE 公司。Lacoste 根据自己的比赛经验和对网球运动的理解，针对网球运动本身需求，设计发明了双线双眼针织法（珠地网眼结构），生产出舒适、合身的专业网球和高尔夫球运动装及 T 恤休闲装，其商标形象自然是一只张着血盆大口（朝向袖口）的鳄鱼。这是历史上鳄鱼商标首次和服装相结合。Lacoste 的名望使“鳄鱼”衬衫迅速推广，尤其是在美国。有趣的是，Lacoste 还是一个热衷发明创造的奇才，在他一生中共申请了三十多项发明专利，其中除服装生产上的纺、织、染、剪裁及缝制专利外，还包括网球发球机、钢质网球拍、球拍吸震器、球拍领取显示牌等体育器材和用品，甚至还有一种可折叠的麻将桌。

“鳄鱼”与其他精品的根本区别在于向广大消费者提供舒适、实用、牢固而又美观的产品，这类产品体现出一种对生活的态度和追求，适合大多数人在许多场合穿着和使用。正因如此，“鳄鱼”产品广受消费者喜爱，不仅很多体育明星在赛场内外穿着而且很多影视明星、社会名流甚至一些国家首脑在许多休闲场合，也喜欢穿“鳄鱼”服装，使得“鳄鱼”服饰逐渐成为一部分消费者身份和地位的象征。近年，“鳄鱼”除了继续保持产品的质量和优雅形象，也着力于开拓年轻人的市场，自从与华人潮流风向标陈冠希的关系越来越密切开始，迅速获得了国内潮人的追捧,成为潮流与成熟风的代表品牌之一。在 2000 年,Lacoste 任命 Christophe Lemaire 为创意总监,“鳄鱼”渐渐更具时尚感,在纽约时装周上也相当令人瞩目。Christophe Lemaire 的设计不那么惊世骇俗,平易近人但绝不单调乏味。他着眼于品牌的传统,融入现代的色彩,线条宽舒,包裹层迭,运用自如。这时的“鳄鱼”已经脱离了网球手而变为大众品牌。

在巴塞罗那 09 春夏新品中,“鳄鱼”为更年轻、时尚的消费人群带来了最新系列“Red!”这个全新的系列,其特有的标志一改原有的鳄鱼图案位于 Lacoste 字母上方的经典设计,而是鳄鱼引出字母,并在两者之间加入了一个红色惊叹号。

创意总监 Christophe Lemaire 为这一新的产品线选择的两个主题是 Chelsea 和 Charing Cross,“第一个主题再现 60 年代的着装风格:时尚、简洁、合身,完美体现 Mary Quant 与英伦摩德风格的邂逅”,Lemaire 说道:“第二个主题则略带街头高尔夫风格,蕴含着 20 世纪波普艺术领袖 Warhol 的流行色彩和 60、80 年代早期街舞的音乐特色。”贴身的剪裁是“Red!”这个系列的设计准则。不仅如此,“鳄鱼”本季还带来了全新的穿着搭配方式,针织运动开衫内搭格子衬衫,外套则选择英伦摩德风格的夹克。(http://i. yoho. cn)

案例讨论:“鳄鱼”品牌是如何成功地使创始人知名度与品牌知名度分离的?

(五) 品牌核心价值的提炼

从纵向来看,核心价值是随着企业的发展而形成并丰富的;从横向看,核心价值是由企业的各个管理活动的关键成功要素的综合体现。从利益相关者来看,核心价值经历了由企业创始人初创核心价值、第一批成员通过企业的成功经验认可核心、高层管理人员进一步示范强化、所有员工的一致行动、客户确认、股东支持等过程而形成、固化和确认。品牌的核心价值要表达顾客心中的价值取向,与企业达成互动认同。核心价值是品牌的精华,是顾客获得的核心利益,是购买的真正理由。品牌不仅是厂商的,而且是顾客对产品、服务和企业的综合心理感受和体验。所以,核心价值的提炼,必须明晰品牌的顾客群的状况。

品牌核心价值的提炼可以从三个方面入手,一是物理属性价值,二是体验价值,三是象征性价值。每一种品牌都可以从这三个层面找到适合自己的核心理念。

1. 物理属性价值

功能性价值是从产品实体角度进行的核心价值选择。即从产品的质量、功能、款式设计等方面区别于其他同类产品,这必须以企业产品自身“独特功能”为依据。例如，海飞丝的专业去屑功能。从实体角度提炼品牌的核心价值，最有效的策略就是将一个品牌与该品牌特征联系起来，给消费者一个买的理由，这个理由凝聚在一个简单的词或词组里，并且形成与竞争对手差异化的区别概念，从而形成强劲的品牌联想，塑造独特的品牌形象。一些知名服装品牌把设计师的设计风格作为此品牌的核心价值，人们往往看到服装就能知道它属于哪个品牌。例如：

(1) 以设计师的设计风格作为核心价值

夏帕瑞丽给 20 世纪 30 年代的时装创造了高雅新风格，她主张新奇、刺激，所以在她的设计作品中用色强烈、装饰奇特。甚至她设计的香水以“惊人”命名。在面料方面，她要求十分挑剔，她设计的面料独具特色、别出心裁，把超现实主义、未来主义画家的画及非洲黑人的图腾等用于面料图案设计。

迪奥在 1947 年发表的“新造型”影响了整个欧洲、美国，突破了传统的女装造型，突出了女性的曲线优美。根据这个思路迪奥又先后设计了 H 型、A 型、Y 型等款式。

(2) 以产品的某种功能作为品牌的核心价值

Burberry(柏帛丽)由当时只有 21 岁的英国小伙子 Thomas Burberry 一手创立，Burberry 成为最能代表英国的品牌之一。Burberry 创办于 1856 年，是英国皇室用品。1879 年 Burberry 研制了一种防水防皱、透气耐穿的布料 Gabardine，由此赢得广泛的认可。1901 年，Burberry 设计出第一款风衣，并在第一次大战中被指定为英国军队的高级军服。时至今日，翻开英国牛津辞典，“Burberry”已成为风衣的另一代名词。今天，Burberry 通过不断提升它的设计和创新图饰来提高吸引力，将其经典的感性与现今的时代性完美结合，在时尚中注入品质，成为一个永恒的品牌。著名杂志《男装》很好地概括了 Burberry 服装的性能特征：“Burberry 服装最能承受冷风、热风、雨、风暴，在寒冷气候下能形成良好的服装人体环境。”

2. 体验价值

体验经济是指企业以服务为舞台，以商品为道具为消费者创造出难忘感受的经济形态。在传统经济里，人们主要注重产品的功能和价格，但随着体验经济时代的到来，消费行为已有了诸多变化。从生活与情境出发，塑造感官体验及心理认同，成为产品和服务新的生存空间。约瑟夫·派恩和吉姆·吉摩在 1999 年出版的《体验经济》(《The Experience Economy》)中指出：经济的价值已经从生产商品、服务发展到体验。在 2001 年的《哈佛商业评论》中，他们更宣称：“体验时代已经来临。”体验经济又一次被推向了时代的风口浪尖。感性的品牌核心价值着眼于顾客在购买和使用的过程中产生某种感觉，这种感觉为品牌所倡导并被消费者所感知。这为一些产品并没有太多优势的品牌提供方向，我们都知道世界知名品牌可口可乐，如果刚接触它时，你可能会感觉口味很怪，但是当品牌通过各个途径所传达给你的“活力、奔放”的信息被你不断接受并产生共鸣时，那么这个品牌在你心里已经成为一个熟悉的老朋友，当然拥有忠实的消费者还要归功可口可乐发达的营销渠道的支持。

核心价值往往是以产品的某种物理属性作为吸引消费者的前提，然后通过一系列的品牌运作使消费者逐渐体验到一种情感价值。在体验经济时代，人们购买服装不仅仅是为了服装产品的功能或价格因素，他们更希望能在拥有服装的同时拥有一种感动。在体验经济时代，顾客已经从单纯追求理性价值上升到对理性价值和感性价值的双重需求；顾客对服装的需求已经超越了产品和服务阶段，这种核心价值利用体验创造服装品牌与顾客的联系，并考虑顾客的消费情境，注重考虑顾客穿着的环境背景。比如，美国著名设计师拉尔夫·劳伦(Ralph Lauren)在设计一件礼服的时候，从来不会挖空心思营造炫目的外型或线条，他会更多地思考人们穿上这件衣服会在什么样的 Party 出现，这个 Party 的桌面上会摆着什么样的装饰品等与氛围有关的问题。因为他知道只有将设计紧紧地同顾客的生活方式相连，从顾客的生活情境着手进行设计，才能为顾客带来更体贴、更愉悦的感受。

体验服装设计最近几年才被引入国内。但是在国外，体验服装设计已经发展得相当成熟，它是许多国际大牌树立品牌形象、推介产品的重要手段。作为一代名师，纪梵希在专注于设计的同时又巧妙地将服装设计与电影结合起来，利用电影的氛围、影星的独特气质为顾客带来独特的情感体验。直到现在，一提起纪梵希这个品牌，我们的眼前就浮现出奥黛丽·赫本栩栩如生的形象：在纽约曼哈顿第五大街上，赫本穿一袭纪梵希的小黑裙，配黑色长手套和蒂凡尼(Tiffany)珍珠项链，挽起高高的别着钻石头饰的头髻，踏着《月亮河》的乐声，一边嚼着羊角面包，一边流连于名店橱窗中的款款珠宝间。通过赫本出神入化的演绎，纪梵希让人们深深体会到了服装的价值，让顾客感觉如果自己穿了片中的小黑裙，就会立即变得同赫本一样优雅从容。这也就不难理解，电影一经推出，纪梵希的小黑裙就立即风靡全球，引起时尚人士的抢购风潮。因为纪梵希的小黑裙不仅仅是一条裙子，它更代表了低调、高雅的品位和风格，它同时也唤醒了顾客心中最温柔的人生体验。纪梵希的 4G 标志分别代表古典(Genteel)、优雅(Grace)、愉悦(Gaiety)和纪梵希(Givenchy)，与赫本的惺惺相惜，更让人们体会到了此品牌的优雅风格。产品的使用者与体验者可以成为人们模仿的对象，因而对人们的消费决策产生影响。

3. 象征性价值

象征性的品牌核心价值是品牌成为顾客表达个人主张或宣泄的方式，消费者购买的许多产品或者服务反映了消费者的形象——消费者的价值观、人生目标、生活方式和社会地位等。人们从消费一种品牌中体验到了该品牌的一种个性，并且似曾相识。而且据调查消费者首先会购买能体现自我一致性的具有某种能够向别人传递其自我概念的产品；劳斯莱斯代表的是“皇家贵族的座骑”；这种牌子的汽车年产量只有几千辆，连世界大汽车公司产量的零头都不够。但从另一角度看，物以稀为贵。劳斯莱斯轿车之所以成为显示地位和身份的象征，是因为该公司要审查轿车的购买者的身份及背景条件。奔驰车代表着“权势、成功、财富”，往往是成功老板的首选。同样古奇经过一百多年的经营之后成为身份与财富的象征。要达到象征性的价值必须具备两个条件，首先是一个能被某个群体认可的象征物，其次在这个群体中这种象征物的意义对于所有人来说几乎是相同的。这种象征物可以是人、物、文化、生活方式和品味等。

案例：宝马的核心价值

不管是体验价值还是象征性品牌的核心价值，都要依托产品的属性特征，否则对于消费者来说无异于空中楼阁。宝马的品牌核心价值——“完美的驾乘乐趣”，吸引着一大批社会精英的青睐。在全球范围内，宝马的客户群都是一些成功的专业人士和商界精英。这些专业人士可以是医生、律师、高级经理、工程师等等。这类消费者追求的是一种个性、灵性、潇洒的精神，而这也正是宝马的核心价值。

为了能够让消费者体验到“完美的驾乘乐趣”，宝马公司在对汽车的设计过程中，进行了多项研发。比如早在 20 世纪 30 年代，宝马汽车在设计中就运用了双轮空气动力学。多年以来，宝马汽车以其独特的设计，在顶级的驾驶感受和最优化的空气动力学稳定性之间达到了完美的平衡；在 1976 年，宝马公司就采用芯片技术，推出了第一代监控汽车，该车可以及时提醒车主汽车需要保养或需要更换润滑油，使宝马汽车变得更“智能化”；1987 年，创新的电子技术使发动机实现自动化控制。例如气门开合时间、火花塞作用时间以及燃料注入量都可以自动化控制，而且还可以将气压、气温以及负荷都列在考虑范围之内。所有这一切都强化了汽车驾驶稳定性和驱动格局，更加符合驾驶者对运动性能和稳定性能的要求。

通过宝马公司的种种努力，近两年中国的客户群体也越来越向宝马全球的客户群体——即各个领域成功的商界精英靠拢。“完美的驾乘乐趣”也越来越深入到广大有车一族的生活理念当中。(http://www.aliqq.com.cn)

案例讨论：这个案例中宝马是从哪几个方面来明确品牌的核心价值的？

品牌核心价值是品牌承诺消费者的功能性、情感性及自我表现性利益，品牌核心价值一旦确立，就应保持相对的稳定性。企业的营销战略、广告传播、公益活动、软文炒作等都要能演泽其品牌的核心价值。企业内部的一些相关品牌的行为也要围绕此核心价值。名牌轿车沃尔沃的品牌核心价值是“安全”。多年以来，“安全”成了企业一切经营活动的灵魂，从 20 世纪 20 年代以来，沃尔沃在这个目标上锲而不舍，受到世界各国厂商及车迷的推崇，有人曾经统计过，从 1945 到 1990 年，沃尔沃公司在各式新车上配置了 32 项主动或被动安全装置。在国际汽车工业界有许多安全技术是沃尔沃首创的。在传播上，沃尔沃的广告、公关活动也始终围绕“安全”而展开。

以上三种价值不是互相排斥的，而是品牌在发展中，内涵不断增加的一个过程，是品牌发展升级的一个表现。下面进入塑造品牌阶段，首先要进行品牌定位。

案例：古奇(GUCCI)的核心价值

古奇在创建初凭借过硬的产品质量使得生产规模逐渐扩大，当它的创始人古奇感觉他的产品应该树立一种高档消费品的形象时，这个品牌开始了高档消费品的道路，而且以后的一切经营都是围绕着这个核心价值展开。当然有一段时间由于家族纷争，使得品牌管理混乱，以至于在地摊上都可以发现古奇的产品。设计师 Tom Ford 与总裁 Domenico De Sole 两人通力合作，才将古奇拉回国际主流，达到巅峰。古奇以“身份与财富的象征”品牌形象成为富有的上流社会的消费宠儿，一向被商界人士垂青，时尚之余不失高雅。这也是其品牌的核心价值。古奇公司所做的任何事情都是围绕着这个核心价值进行，而且他的总裁索勒说：“每次我视察那些销售点时，都要问自己，这家商店对于品牌形象有提升作用吗？”索勒为了保持品牌的意大利渊源，保住品牌作为奢侈品的潜在身价，规定古奇的所有皮具都在托斯卡纳生产，所有的成品服饰都在意大利加工。虽然搬到香港或其他地方能够节约成本，但是长远来看会影响消费者的信任。以下是古奇在北京开设的一家专卖店，我们从它的装修来看一下此核心价值的体现。

古奇设计、生产、发行高品质及受人推崇的产品，如皮制品(包括手袋、小型皮革配件和行李箱)、皮鞋、服装、丝绸制品、手表和珍贵珠宝。眼镜和香水方面，均授权全球顶尖集团制造及发行。古奇的核心价值建立于无可比拟的精致手工、优良的品质和对意大利制造的坚持(除手表由瑞士生产之外)。

古奇北京旗舰店座落于北京新光天地，共有两层，占地超过 10 000 平方尺。此店是国内首家古奇专卖店，采用全新的店面设计概念，既标志着崭新纪元的古奇时尚魅力，同时亦继承品牌之传统，成为业界的时尚指标。

图 3-1　古奇更衣室

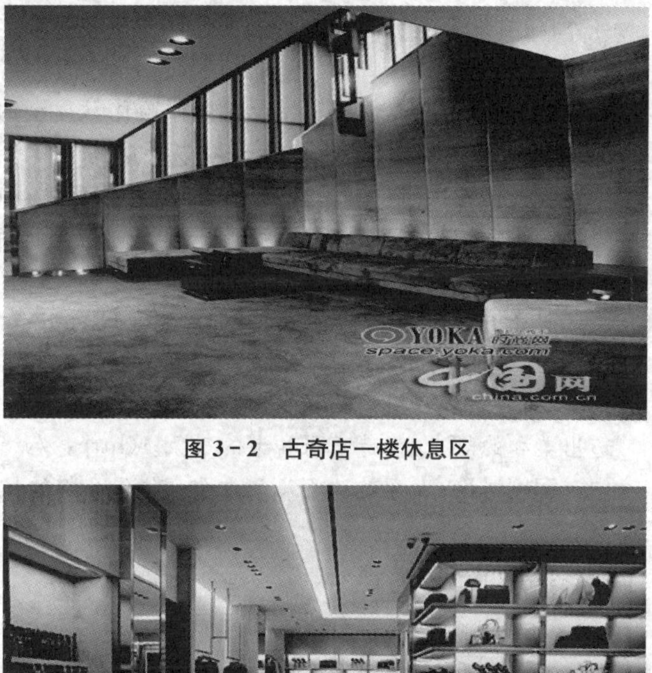

图 3-2　古奇店一楼休息区

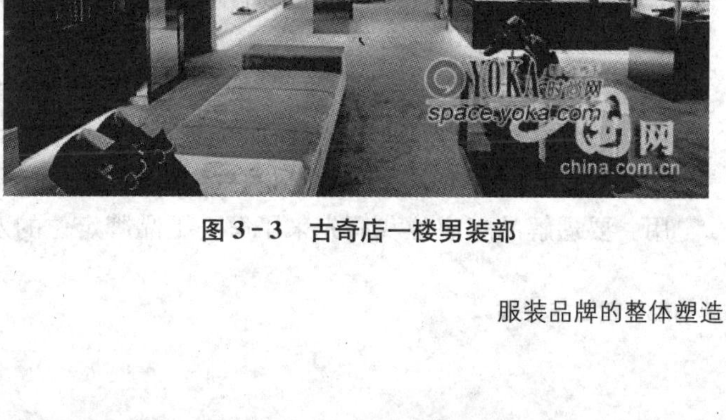

图 3-3　古奇店一楼男装部

创作总监 Frida Giannini 与室内设计师 William Sofield 携手合作的美学创意，巧妙地缔造明亮温馨的环境，并且为经典的古奇元素注入时代感。此店以金、银色调作为主题，用自然光线营造柔和的气氛。以往沿用的花梨木及天鹅绒罩面依旧轻盈明亮，云石装饰更显华贵温暖。天然柔软的物料代替了刚硬刺目的金属，令店内气氛更舒适柔和。古奇精心安排而井然有序的布局，与金银色调和谐映衬，幕墙沿袭 1970 年纽约店的格调，雍容华贵的地毯上印有经典的古奇标志。

明亮奢华成为此店的特色。精心装饰的一楼店面，陈列了男装系列，由服装到佩饰，还齐备各款最有代表性的手袋、公文包及行李箱。店内中央部分，以高贵舒适的天鹅绒沙发作为装饰，同时设有先进的交互式屏幕，让顾客享受购物乐趣之余，可及时掌握古奇的最新潮流动向及热门产品资料。

二楼是女装区，展示了各款女士晚装和最时尚的当季服装、珠宝及配件。另外，还有设于专用隔间内的独立珠宝部，为顾客提供宁静优雅的私人购物环境。

踏入此店，顾客便能享受及深切体验体贴周全的贵宾式个人服务。Guccissima 皮革找零盘、信用卡套、鞋拔以及店员专用的陈列架长杆，都充分展示古奇店贯彻始终的独有风格。店员销售手袋时使用的皮革垫子，方式源自于当年佛罗伦萨的首家古奇店，现已成为古奇的全新特色。更衣室内印有古奇签名的更衣袍，为其增添了一份高雅感觉。

明亮的店面外观，是 James Carpenter Design Associates 特别为古奇设计的，让人一见难忘。店面采用多面玻璃幕墙双色调设计，以竖直棱柱映衬古铜色玻璃，并充分利用天然光线，投射出最佳效果。设计精密的 LED 照明系统，透出柔和的灯光，营造亮丽和谐的气氛。(http://www.xici.net)

案例讨论：古奇是从哪几个方面来体现品牌的核心价值的？

第二节　服装品牌定位

一、品牌定位的含义

品牌定位是品牌经营的首要任务，是品牌建设的基础，是品牌经营成功的前提。为某“品牌”进行“定位”，就是通过传播手段达到消费者的认知，达到“建立位置”或者“调整当前位置”的过程。成功的品牌定位会在消费者脑海中建立关于某种符号及价值的认知，失败的品牌定位会使消费者对某种符号的认知发生根本性变化。品牌定位在品牌经营和市场营销中有着不可估量的作用。要理解品牌定位我们先来了解一下品牌定位的发展历史：

1972年，美国广告权威杂志《Advertising Age》刊登了Al Ries和Jack Trout的文章《定位时代》，正是这篇文章宣告了“定位”的诞生。Al Ries和Jack Trout认为，“定位”就是如何在目标受众的头脑中占据一席之地的方法，他们使用了进行时“Positioning”表示这是一个过程。无论国家、公司、组织、个人、产品和服务，都可以使用这个方法在消费者的心目中“占位”。

定位论的提出开创了一个新的时代，随着这一概念的广为传播并为人们所接受，营销专家们也尝试着将“定位”的理论与现有的营销理论体系进行整合。也就是细分市场（Segmentation），确定目标市场（Targeting），对品牌进行独特设计以在目标消费者心目中占据特定位置（Positioning）的三步（Philip Kolter《Marketing Mangement》）。在这里，“定位”已经开始脱离其本来的定义，已经不仅仅是一种沟通的方法，还包括“对于品牌进行独特设计”。也就是说，“定位”包括如何设计产品的特色，如何定价，提供何种特色服务……很明显，树立品牌的独特性实际上成为了营销的核心工作。

随后Michael Porter的《竞争论》指出了企业战略的实质就是“定位”。在书中他指出：企业可以以特定产品的种类为基础进行“定位”，比如金利来曾经定位于男士用品；企业也可以以特定的顾客群的全部需求或大多数需求为基础进行“定位”，比如迪奥定位于奢华。从Michael Porter的角度看“定位”，企业的“定位”就是企业应该“做什么”，而确定这一点就是企业经营战略的实质，也是竞争优势的根源。

以上是关于定位概念的发展及运用，那么什么是品牌定位呢？目前理论界普遍接受的定义是：为某个特定品牌确定一个适当的市场位置，使商品在顾客的心中占据一个有利的位置，当某种需要一旦产生，人们会先想到某一品牌。分析这个定义我们发现好像过分强调了定位的结果，以及“定位”这个词汇的本身含义，而忽视了定位本身的过程。再从大卫·艾克的“品牌识别系统”中我们来分析一些目前人们对于品牌定位的认识，在这套系统中，品牌管理作为一个过程，可以分为四个步骤：①建立品牌识别；②品牌定位；③传播；④跟踪和校验传播活动的效果并不断改进。

在这四部曲中，品牌定位的主要任务是把品牌识别内容和价值取向主动地与目标受众进行交流。那么品牌定位的作用就仅仅是对识别内容及价值取向与消费者的交流吗？这样能达到品牌塑造及传播品牌核心价值的目的吗？这其实又重复了人们重视形象传播的误区，而且目前人们往往把品牌定位与市场定位和产品定位平行对待，认为它们是同一层次的概念，或者只把市场定位作为品牌定位的内容。实际上不管是市场定位还是产品定位和价格定位都应围绕着品牌定位展开，市场定位和产品定位都应属于品牌定位的一部分，而且品牌定位不是一个单一的过程，它是多个定位的集合，最终目的是使消费者能够感知品牌的核心价值。下面我们来看一个成功品牌的发展及经营的例子。

案例：世界奢侈品品牌LV

路易·威登品牌150年来一直把崇尚精致、品质、舒适的“旅行哲学”作为设计的出发基础。第一次世界大战时，路易·威登为适应当时的需求，改为制作军用皮箱和可折叠的担架。战后，他又专心制作旅行箱，并获得不少名人的垂青，订单源源不绝。到路易·威登的孙子家斯腾(Gaston)的时代，产品已推至豪华的巅峰，创制出一款款具有特别用途的箱子，有的配上玳瑁和象牙的梳子及镜子，有的缀以纯银的水晶香水瓶。路易·威登公司还会应个别顾客的要求，为他们量身定造各式各样的产品。整整一个世纪过去了，印有“LV”交织字母这一独特标志的帆布包，伴随着丰富的传奇色彩和典雅的设计而成为时尚经典。100多年来，世界经历了很多变化，人们的追求和审美观念也随之而改变，但路易·威登不但声誉卓然，而今仍然保持着无与伦比的魅力。

也许正是这种魅力吸引了无数世界顶尖的设计师。为庆祝交织字母标志诞生100周年，路易·威登的总裁圣·卡斯利(Yves Carcelle)经过3年的考虑，决定邀请7位赫赫有名的前卫设计师来设计箱包新款式。这7位设计师分别是：阿泽蒂纳·阿莱亚 (Azzedine Alaia)、莫罗·伯拉尼克(Manolo Blahnik)、罗米欧·吉利(Romeo Gigli)、赫尔穆特·朗(Helmut Lang)、伊萨克·米兹拉希(lsaac Mizrahi)、西比拉(Sybilla)和维维安·威斯特伍德(Vivienne Westwood)。

这些杰出的设计师们对流行时尚有敏锐的感受能力，他们凭着对路易·威登这一经典品牌的理解，各自发挥自己的想象力和创造力，设计出7款令人耳目一新的箱包新品，用于旅游休闲或高雅的社交、工作场所，共同塑造了路易·威登的经典形象。

阿泽蒂纳·阿莱亚设计的女士手包极具魅力，她将豹子皮花纹和色彩与路易·威登Monogram的图案及色彩完美地结合在一起，令人眼前一亮。莫罗·伯拉尼克设计了一款椭圆形的包，包里能装下外出活动一天所需的一切物品。既像花托又像箭筒的包的设计者罗密欧·吉利是个旅游迷，这个包好像是为他自己设计的。包像钱袋一样用带子收紧，不装东西时，呈圆柱形；撑满时，则是花托形，男士女士皆适用——赫尔穆特·朗的设计趋向于简约主义。他还根据适当的比例，设计了一款可用来装唱盘的箱子，使人们在旅游中也能享受到高质量的音乐，为旅游增添乐趣。伊萨克·米兹拉希设计的透明的塑料购物袋的框架是用天然软牛皮做的，里面可以看见一个雅致的Monogram小包，这才是此包真正的核心。西比拉决定设计一款富有青春朝气的箱包，柔软、高雅、神秘且实用，结果，"雨中购物"包就这么诞生了。"雨中购物"包线条简洁，有两根软肩带，下雨时，包的顶部可撑出一把精巧的雨伞，伞布上印有LV商标，能使你既不被淋湿，又能空出两手拿别的东西，无怪乎被称为"雨中购物"包。维维安·威斯特伍德的设计总是出人意料，她确信男人总是先注意到女人的背影，因而根据腰间至臀部的弧度设计出"屁股包"，包用带子从后向前扣在腰部，也可侧背、手提，包的外部还有两个口袋，十分方便实用。

路易·威登(Louis Vuitton)这个名字在欧洲是旅行用品最精致的象征。延续至今，不论后来延伸出来的皮件、丝巾或手表、笔，甚至服装，都是以LV一百五十年来崇尚精致、品质、舒适的"旅行哲学"作为设计的出发基础。全世界都知道，LV最著名的Monogram，把手是皮革，里子就是层帆布，却能具备传家实力。LV秘诀在于不脱线、不变形的严格品管。美国周刊曾报导，LV巴黎总店地下室设有测验室，为测试皮包耐用度，装满三公斤多重物的皮包被机械手臂反复举起丢下达四天之久，甚至有专负责拉链开合的测试机，拉开关闭拉链次数也达五千次之多。LV的Monogram系列中那层染深帆布的染料拥有独家专利，LV皮革采用北欧牛皮，因自然环境之故较少有蚊虫叮咬疤痕，再加上品管把关，严谨做工才经得起严苛考验。

LV像一个大家闺秀，它不那么夸张的，花纹很稳定，皮质很固定，价格也很固定，选定了LV，就选定了一种生活状态，也选定了一个认同的文化背景。LV每一季的服装都是紧跟潮流的，包括花色、细节，无论钮扣的材质、眼镜的镶片，作为一个古老品牌并不表示要墨守成规，拒绝开门见任何新鲜的事物。LV也会关注这一季流行是粉色的，还是紫色的，在这些细小的元素里面加上传统经典的东西；也会找一些合适的人来合作，比如大家特别迷漫画了，公司就会请来宫崎俊讨论一下，但基调不会变，不会成为一个特别时尚少女的形象，这样会是一个特别危险的举动。品牌也有责任区分消费者，引导不同的消费者去消费不同的东西，不能借着时尚的名义去强迫消费者加入到奢侈品的消费行列中，这是不道德的，也是不负责任的。(http://www.china.com.cn)

分析一下这个案例，从这个案例中我们可以看到LV品牌为什么150多年来逐渐走向成功，并且成为世界著名品牌，一个重要的原因就是LV一直围绕着品牌的核心价值——崇尚精致、品质、舒适的"旅行哲学"在多个方面来进行实现，我们可以把这些方面看成品牌定位，它们分别是：

产品设计定位：高雅不失时尚；

质量定位：质量一流、做工精细；

消费群体定位：重视工作与生活细节，有很高的生活品味，认同LV的文化背景；

价格定位：一直非常固定，属于高档水平。

这些定位明确以后，LV公司围绕这些进行一系列的决策，并严格去执行，这正是此品牌长久不衰的原因。

目前人们清楚品牌核心价值与品牌定位概念不同，但是在现实中又常常把这两个概念混淆使用，以至于不能清晰地决策。综合以上方面我们给予品牌定位新的定义：品牌定位是根据品牌的核心价值，对消费者及企业围绕品牌的一切行为进行决策并执行，建立一个与核心价值相符并与目标市场有关的品牌形象的过程，目的是有效地建立品牌与竞争者的差异性，在消费者心中占据一个与众不同的位置。

当品牌的核心价值确定之后，一系列的定位将随之决定，随之一整套精心选择的活动就可以在这个基础上展开，从而把这一核心价值准确地传达给消费者。品牌定位既是对产品本身采取的行动，也是针对顾客的心理采取的行动。像美国西南航空，它的核心价值是“提供特定航线、低成本、便捷的航空交通服务”，在这个方向下，它可以不断缩短登机时间，不提供贵宾舱等不必要的服务，仅购买波音737飞机从而提高维修的效率等以强化竞争优势。这些精简的活动围绕着各个战略“定位”展开，并不断强化战略“定位”，从而使其他航空公司完全无法与之竞争。

二、品牌定位的目的

品牌定位的目的就是将品牌的核心价值传达给消费者，并获得目标消费群的认同。成功的品牌都有一个特征，就是以一种始终如一的形式将品牌的价值与消费者的心理需要连接起来，通过这种方式将品牌定位各个信息准确传达给消费者。

良好的品牌定位是品牌经营成功的前提，为企业进占市场、拓展市场起到导航作用。如果不能有效地对品牌进行定位，以树立独特的消费者可认同的品牌个性与形象，必然会使产品淹没在众多产品质量、性能及服务雷同的商品中。品牌定位是品牌传播的客观基础，品牌传播依赖品牌定位，没有品牌整体形象的预先设计（即品牌定位），那么品牌传播就难免盲从而缺乏一致性。总之，经过多种品牌运营手段的整合运用，品牌定位所确定的品牌整体形象即会驻留在消费者心中，这是品牌经营的直接结果，也是品牌经营的直接目的。如果没有正确的品牌定位，即使产品质量再高，性能再好，无论怎样使用促销手段，也很难成功。可以说，今后的商战将是定位战，品牌致胜将是定位的胜利。

三、品牌定位与品牌的核心价值的关系

在上一节中我们已经知道品牌的核心价值是品牌最独一无二、最有价值的精髓，它让消费者清晰识别并记住品牌的利益点。它是一个品牌的中心，是品牌中最不具时间性的部分，是企业致力于传播并被消费者所感知的理念。那企业如何传播这个理念并被消费者准确感知呢？光靠总结出几句宣传语并不断地在媒体中重复行吗？实际上国内许多服装品牌正是这么做的，甚至很多服装品牌往往缺乏核心价值理念意识，更多还停留在广告语、口号的层面来考虑问题，这样往往造成口号朗朗上口，内容却空洞无味，我们在上一节中举的例子就能说明这个现象。品牌核心价值是品牌定位的基础，而品牌定位是核心价值得以具体传播的实施战略，是对品牌核心价值的演绎。品牌定位承担着将品牌核心价值传播给目标消费者，并在消费者心目中留一独特位置，从而形成鲜明的品牌个性与形象的重任。品牌定位又可细分为目标消费群定位、价格定位、产品定位、销售策略定位等。品牌定位的正确与否将关系到品牌核心价值能否准确与顺利地传播。

确定品牌的核心价值，这是一件很专业的工作。但这并不是定位工作的终点。你跟一个消费者说，你的品牌的核心价值是超越、自由、尊严、自然、激情，没有用，因为他听不懂。人们是通过各种各样的具体有形的符号——语言、图画、物体、人物、色彩等等来推想特定的价值的。比如品味，人们所谓的品味是由一些符号组成的：家中装饰有西洋油画、言谈中知道哲学、带有欧洲风味的包装、简单但飘逸的线条等等。准确的定位需要利用准确的符号或者符号体系来表现出品牌的核心价值，这样消费者就能在丰富的同类产品和品牌中很容易地辨认出那个合乎他内心需要和价值的品牌来。

案例：雅戈尔明确核心价值走向新的定位

雅戈尔主导产品衬衣和西服已分别连续 13 年和 8 年国内市场占有率第一。衬衣、西服和其他服饰的年产量分别为 1 200 万件、200 万套和2 000 万件左右。同时公司拥有丰富多样的销售渠道，拥有销售终端 1 500 多个，其中自营专卖店 353 个，商场专柜（专卖店）800 多个。

雅戈尔公司于 2007 年初已明确了服装业务的两个定位：1. 服装业务将由工厂模式向品牌模式全面转型，营销将取代生产成为更重要的环节。2.“雅戈尔”品牌的定位将主要面对公务人员、企业中高层管理人员和都市知识人群。2007 年初公司与美国具有百年历史的一线男装品牌 Hart Schaffner Marx 的合作已正式拉开帷幕。公司收购 Smart 和其承载美国营销网络的

XINMA公司，出发点在于借Xinma公司在美国完善的渠道和国际化的团队，实施品牌国际化战略。从短期看，经营模式由OEM向ODM转变使产品附加值提升是公司未来业绩的最大亮点，由于Smart主营产品是男士衬衫，收购Smart以后，对公司色织布面料业务拉动作用最为明显。而从长远看，走出国门后，增加了雅戈尔国际并购的机会，公司也有意通过国际并购手段进一步促进公司国际化战略的实施。另外，公司将拓展服装内销渠道，实施品牌差异化，如将加大内销网络的投资力度，未来三年拟以每年100家的速度开设自营终端。与此同时，公司还将逐步实施品牌提升、品牌细化、差异化经营，也包括代理一些国际品牌辅助经营。预计公司未来几年服装业务将有突破性的增长。

雅戈尔已有了一个明确的目标，希望能一步一个脚印地走向世界舞台。（叶卫彬《推荐雅戈尔》）

四、品牌定位的作用

（一）品牌定位有助于品牌核心价值的传播

品牌定位是对品牌核心价值的具体化，品牌核心价值能否被消费者感知取决于品牌定位决策的正确制定与传播，并能保证品牌的每一次传播都为消费者心目中的品牌形象做加法。品牌定位不仅仅是对广告的确定，而是对此品牌制定一个整体的策略，包括产品的生产、渠道的确定、消费者的选择等，主要目的还是要把此品牌的核心价值深深地植入目标消费者的心中，从而钟情于该商品。

（二）品牌定位有利于树立品牌形象

企业通过对品牌定位然后进行一系列的分定位，采取相关的行动，这些行动向外传达的信息被消费者所感知，并且有些信息是消费者在使用此品牌产品的过程中所总结出来的，这些信息共同作用于消费者，从而在消费者心目中形成对此品牌的印象。例如：真维斯的核心价值是“名牌大众化”，它的品牌定位就在价格及消费群体有了定位。因此真维斯所要传达的是一个普通而有内涵，充满个性却不张扬的服饰品牌形象。在表现真我的年代里，真维斯于不经意间流露出的个性，成就了其品牌的独特吸引力。真维斯以“物超所值”的价格，以易穿易配搭的款式来吸引顾客，做每个人都消费得起的国际休闲服品牌；以“物超所值”的市场策略，通过企业内部强大的管理系统和优秀的成本控制，用最好的质量和最优惠的价格回报顾客，给消费者物超所值的产品和服务。

（三）品牌定位有助于与消费者沟通

明确的品牌定位才能让消费者明确此品牌的优势所在，才能根据自己的需求来选择品牌。要想与消费者沟通，取得消费者的认可，首先要告诉消费者“我是谁、我能为你做什么”——就是品牌定位。例如佳洁士告诉消费者“它是防蛀牙专家”，又通过做试验的广告画面传播和证明自己能做什么，从而达到与消费者有效的沟通。

（四）品牌定位有利于品牌的整合传播

企业不仅要进行品牌定位，还必须进行有效的传播。所谓品牌传播就是通过广告、公关等手段将企业设计的品牌形象传递给消费者，以此来吸引消费者并获得消费者的认知。品牌定位是品牌传播的基础，不管利用何种传播手段，都要围绕品牌定位来进行。品牌定位必须通过品牌的传播才能实现与消费者沟通的目的，有效的传播将在消费者心中占据一个独特的有价值的位置。如果不能及时准确地将企业设计的品牌形象传递给消费者并求得认同的话，那么该定位就是无效的。相反，如果定位不准，再好的传播也很难达到预期的效果。传播要依赖于品牌的定位，也是为定位服务的。

五、品牌定位的原则

（一）品牌定位要围绕品牌的核心价值

品牌定位就是围绕品牌核心价值在各个方面进行的决策，让消费者认知品牌的核心价值，从而形成一种品牌的定位。

（二）品牌定位要全面

品牌定位是一个全面策划过程，而不是仅对品牌的广告或名称标识等单个元素的定位，品牌定位应是围绕此品牌多个定位的集合，这个集合包括：产品质量定位、产品款式定位、包装定位、销售策略定位等。而企业活动是为客户创造价值的过程，工业设计、制造、包装、分销、物流、售后服务和品牌建设等所有活动串成了企业一整条价值活动链，链上的每一个点都能为客户创造价值。所以从更深一层讲，企业的一切价值活动都要体现品牌核心价值。而许多品牌运作没有做到以核心价值为灵魂统帅企业的一切活动，只是让品牌核心价值体现到传播中，没有贯彻到其他企业活动中。康佳由于品牌核心价值未在营销的产品与价格上得到有效体现，新闻报道传达的信息与影视广告相左，从而造成了很大的被动。

例如海尔“真诚”的核心价值，不仅通过影视广告来感染消费者，而且实实在在地在企业价值活动的每一环节都体现和演绎真诚。在科技上，海尔屡创新高，让消费者享受高科技文明的成果；在产品的功能设计上，在“用户需要的不是复杂的技术而是使用上的便利”这一原则的指导下不断推出人性化的产品，健康空调、抗菌冰箱、小王子冷柜、可电视遥控的空调、搓板洗衣机等等无一不对消费者在使用电器中的细小之处体贴入微。现在，海尔开始以“零距离”贴近消费者，直接为用户量身定做产品，提倡“用户提出需求，我们按需供给”，消费者可以“点菜式”地提出功能与外观上的要求。海尔的“国际星级一条龙”服务，不仅在产品设计、制造购买、上门设计、上门安装、回访、维修等各个环节有严格的制度、规范与质量标准，还细致到上门服务时先套上一副鞋套，以免弄脏消费者家中的地板；安装空调时先把沙发、家具用布蒙上，服务完毕再用抹布把电器擦得干干净净；自带矿泉水，不喝用户一口水；不抽用户一支烟；临走时把地打扫得干干净净，最后请用户在服务卡上对服务进行打分。海尔服务中的每一细微之处都是“真诚”这一核心价值无言而生动的体现。

（三）品牌定位要根据企业的实际情况

品牌定位确定了品牌营销的方向、手段，在一段时期内品牌定位要依据企业的实际状况。例如索勒在1994年重塑古奇品牌时的预算非常有效，因为在这之前的几年古奇一直处于亏损状态，这种情况下，公司不可能采取大规模广告攻势。所以索勒利用风险较大的公关手段，让古奇尽可能多地出现在宣传米兰服装节的各大时尚刊物上。设计师福特凭借自己对时尚和潮流的感觉，以及对报道时尚节目记者和摄影师的观点的揣摩，设计了一套1995～1996年度男女时装系列，取得巨大的成功，引发了如潮的文章和图片报道，从而获得成功。随着公司收益的不断增长，公司开始精心选择和设计与外界的共同渠道，公司分几个步骤更新和统一了古奇品牌的对外宣传。在媒体方面，索勒加大了广告的投入。煽情的广告配合福特设计的系列服饰，占据了各大主要时装杂志的抢眼版面。公司在广告方面的花费从1993年的600万美元增至1997年7 000万美元。

（四）品牌定位在一定的环境下可适当调整，但是要围绕品牌核心价值

当一个品牌进入到一个新的产品领域时，就要对品牌定位进行适当调整以适应市场的需要，并被消费者所了解。但是许多成功的品牌在进行定位调整尝试后并没有取得成功，例如金利来从“男人的世界”走向“男女共同的世界”时并没有得到消费者的认同。一般一个成功的品牌定位会在消费者心目中有个固定的位置，你如果去改变它往往会引起消费者的心理抵触。这正是

宝洁对不同的产品进行不同的品牌定位的原因，目的是要在消费者心目中找到各自的位置。有的时候品牌定位的调整是因为此定位已经不适应时代的要求，所以在起初品牌定位的时候一定要注意此定位尽量不要局限于某个时代。当然品牌的管理者有责任经常反思一下品牌的定位是否还符合消费者的认同，并根据需要做出适量合理的调整。

案例："年轻的中年人"让一些服装品牌重新定位

在耐克专柜，40 岁的王先生毫不犹豫地选择了一件红色 T 恤，再为自己配上白色运动外套和藏青色运动裤。镜子里的他显得容光焕发，跟来时西装革履的形象相比，一下子年轻了许多。王先生连价格都没看，就不假思索地告诉营业员："这些我都要了！"而这样的场景，在杭州的各大商场每天都会上演。在耐克专柜，35 岁以上的消费人群已经占到了近六成。

40 岁的年纪，25 岁的穿着，如今的中年人越穿越年轻了。鲜艳的颜色、时髦的款式他们都会去尝试。他们既是中年人中的消费领导者，又能影响和带动身边许多同年龄同阶层的人，形成了"年轻的中年人"这样一个消费群体。他们拥有不容小觑的消费能力，只要能让他们显得年轻有活力，不管年轻品牌还是成熟品牌都会选择。正是他们，让许多服装品牌开始重新考虑定位，调整设计风格；正是他们，让服装的年龄界限越来越模糊。

年轻品牌：让中年人找到共同价值观

在人们以往的概念里，像耐克、阿迪达斯这样的运动品牌都是年轻人的天下，就算要尝试，也只会在运动时穿着。但如今，中年人的心态越来越年轻，为了向年轻人靠拢，让周围的人感觉自己还是很有活力，很有激情，中年人也开始将这些年轻品牌引入自己的日常穿着。而这些品牌也注意到了这一潜力巨大的消费群体，逐渐扩大了目标客户群的年龄跨度，还特别推出了一些即使在办公室也能穿着的休闲款，以满足这部分客户群体的需要。这一变化使得这些品牌的销量快速增长，知名品牌中的耐克、阿迪达斯中有近六成的消费者是 35～45 岁的"年轻的中年人"，而普通品牌匹克、乔丹的中年购买者也占到了四成以上。这些中年人收入稳定而丰厚，购买力惊人，不仅给自己买，还会顺便给自己的孩子也买上几件。

除了运动品牌，其他一些休闲品牌更是统吃了各个年龄层次的消费者，ESPRIT、V18 这样的品牌不用说，就算是像 ONLY 这样定位于 18～30 岁的年轻品牌，也吸引了一些体形保持得不错的"年轻的中年人"尝试。在 ONLY 柜台，记者看到一位身材苗条的女士正在试穿一条新款军装裤，显得特别青春，没有人会看出她已经 38 岁了。

成熟品牌：设计日趋年轻，色彩愈加缤纷

年轻品牌开始觊觎中年人服饰消费的庞大市场，本来就针对35～45岁中年人群体的成熟品牌更是不会轻易放弃这块“大蛋糕”，纷纷突破自己目标消费群的年龄下限，设计日趋年轻化，就连色彩也越用越绚烂了。

雅莹是一个典型的成熟品牌，以往用的大多是黑白灰、藏青这些低调的色彩，款式上也以套装为主，变化不多。但如今一走进雅莹的专柜，满眼都是缤纷的色彩，款式也非常多样，可以随意搭配。雅莹专柜的负责人告诉记者，针对中年人不断变化的消费心理，公司调整了销售策略，将定位从35～45岁往下延伸到了28～40岁，色彩丰富了，款式上也趋向于休闲化。事实证明，这样的策略调整是非常正确的，2006年1～2月份，雅莹专柜的销售额就同比增长了59%。

除了现有的成熟品牌，一些专门针对“年轻的中年人”的品牌也不断进入市场。百大集团的相关负责人告诉记者，2005年百大集团新引进的eni:d，2006年新引进的emely，销售都非常不错，而“年轻的中年人”成了这些品牌的消费主力。在eni:d，记者看到一位40岁左右的女士一口气买下了六七件衣服，总共花费两千多元。专柜小姐告诉记者，像这样忠实的顾客，eni:d有很多，她们很注重保养，身材都保持得不错，对服装的价格并不在意，只要穿得精神、有气质就会买，这些人的消费能力是惊人的。据悉，今年百大集团还将引进几个类似定位的女装品牌，以满足市场的需要。（俞晶《每日商报》）

案例分析：品牌定位在什么情况下需要适当调整？

七、品牌定位的过程

我们这里所提到的品牌定位不是简单地在消费者心目中定位一个空间，这里强调的是一个过程，通过这个过程使得品牌核心价值深入消费者心里，并被消费者所认可。这整个的定位过程称为品牌定位系统，它们是品牌下一步运营的策略方针，这个系统包括：消费者定位、产品定位、质量定位、设计定位、包装定位、渠道定位、价格定位、广告定位等几个方面，把这些定位统统放在品牌定位系统中，主要是因为这些定位都是为品牌服务的，它们共同的目标就是让品牌的核心价值深入人心，并使目标消费者认可此品牌。我们可以把这个过程称为从基本定位到详细定位的过程。企业品牌要想在消费者心目中占有一席之地，应该具有一个或几个特征，看上去好像是市场上“唯一”的。这种差异可以表现在许多方面，如质量、价格、技术、包装、售后服务等，甚至还可以是脱离产品本身的某种想象出来的概念。

(一) 消费者定位

品牌定位应从目标消费群定位开始，定位目标消费群就是要了解顾客的真正心理需求。消费者有不同类型，不同消费层次，不同消费习惯和偏好，企业要从主客观条件和因素出发，寻找适合自己的目标消费者。企业首先要进行市场细分，在现代市场条件下，消费者的需求是多样化的，而且人数众多，分布广泛，任何企业都不可能以自己有限的资源满足市场上所有消费者的各种要求。通过市场细分，向市场上的特定消费群提供自己具有优势的产品或服务是现代营销最基本的前提。

1. 市场细分的依据

消费者人数众多，需求各异，但不可能都成为企业的消费者，所以企业要根据需要按照一定的标准进行区分，确定自己的目标人群。市场细分的依据主要有：地理标准、人口标准、心理标准和行为标准，根据这些标准进行的市场细分分别是地理细分、人口细分、心理细分和行为细分。

(1) 地理细分

地理细分就是将市场分为不同的地理区域，划分的标准可以是国家、省、地区、县、市或居民区等。要进行市场细分的原因一方面是由于不同地区的消费者有着不同的生活习惯、生活方式、宗教信仰、风俗习惯等偏好；另一方面，现代企业尤其是规模庞大的跨国企业，在进行跨国或跨区域营销时，地理的差异对营销的成败更显得至关重要。对服装品牌进行市场细分可以为服装规格制定标准。同时因为各地区消费者体型有所不同，所以要依此设计服装款式。例如，中国北方地区的人个头偏高，骨骼较粗，而南方的人个子偏矮，体型偏瘦。

(2) 人口细分

人口细分是根据消费者的年龄、性别、家庭规模、家庭生命周期、收入、职业、受教育程度、宗教信仰、种族以及国籍等因素将市场分为若干群体。年龄、性别、收入是人口细分最常用的指标。一个社会的消费结构也有所不同，青年人追求时尚，是消费的一大部分，但是年轻人又可按年龄、性别、文化等方面分成几个消费层次；老年人保守，消费谨慎；儿童没有购买力，但是一个大的消费群体。

(3) 心理细分

心理细分是根据消费者所处的社会阶层、生活方式及个性特征对市场加以细分，在同一地理细分市场中的人可能显示出迥然不同的心理特征。在进行心理细分时主要考虑的因素是：社会阶层（社会背景、收入状况、文化程度等），生活方式（性格、收入、生活环境等）。

(4) 行为细分

行为细分是根据消费者对品牌的了解、使用情况及其反应对市场进行细分。这方面的细分因素主要有以下几项：

时机：顾客购买品牌或使用品牌的时机，如结婚、升学、节日等。

购买频率：是经常购买还是偶尔购买。

购买利益：价格便宜、方便实用、新潮时尚、炫耀等。

使用者状况：曾使用过，未曾使用过，初次使用，潜在使用者。

品牌了解：不了解，听说过，有兴趣，希望买，准备买等。

态度：热情，肯定，漠不关心，否定，敌视。

根据以上划分标准，企业可以对市场进行细分，细分后的市场必须是具体、明确的，不能似是而非或泛泛而谈，否则就失去了意义。细分后的市场必须是有潜力的市场，而且有进入的可能性，这样对企业才具有意义。如果市场潜力很小，或者进入的成本太高，企业就没有必要考虑这样的市场。

课堂讨论：如何了解顾客需求？

(二) 产品定位

根据目标市场的调查及品牌核心价值，确定向消费者提供什么产品及产品系列。例如，Zara 品牌为了能使产品快速进入消费市场，所以选择的产品类型多为非冬季类时尚女装。

(三) 质量定位

产品在品质方面的层次，根据市场的调查及品牌的核心价值，产品是质量优良还是中档或者低档。一些国际知名的奢侈品品牌都以质量上乘而知名，这些品牌的产品质量标准非常高。例如，《美国周刊》曾报导，LV 巴黎总店地下室设有测验室，装满三公斤多重物的皮包被机械手臂反复举起丢下达四天之久，负责拉链开合的测试机，拉开、关闭拉链次数也达五千次之多。调查市场我们可以看到国内的服装企业对国内与国外的要求标准不同，对国外产品质量要求很高。举个最简单的例子，比如国外的客户要求儿童服装上钉扣一定要满足标准规定的拉力，预防小孩把扣子拽掉放到嘴里出现危险。

(四) 设计定位

服装产品的设计非常重要，有些品牌的核心价值就体现了此品牌的设计定位，例如：夏奈尔时装永远有着高雅、简洁、精美的风格；Vero Moda 的设计风格是经典中渗透最新的时尚感觉；Fornarina 是意大利时装名牌，以幻化多变的设计理念著称，融放纵、冷傲、性感于一身，穿上它，仿佛幻化作暗夜里的一个守护天使。

（五）渠道定位

服装产品的销售渠道有代理、特许、连锁店等，为了适合品牌发展，企业要为品牌设计销售渠道。并不是一个品牌服装生产出来后，公司会利用所有的销售渠道对其进行销售，这可能会在短期内实现利益最大化，但是长远来看要看这些渠道是否符合品牌的核心价值，能否维护品牌的形象。例如，古奇在索勒领导时期，这个认真的公司总裁对一些不符合要求的代理商回购其经销权。1996年，索勒关闭了香港古奇免税店，1997年索勒出于保护品牌形象考虑关闭了31家古奇店。他这么做得理由是公司需要提高销售额，但是首先要进行品牌管理。

迪奥香水最早进入日本时由于产品价格昂贵，人们消费不起，所以公司决定在日本实行特许经营，在日本生产产品并销售，这样人们可以买得起迪奥的香水。当日本的经济繁荣以后，公司果断地收回了日本的特许经营权，这样保留了迪奥香水的法国血统。

（六）价格定位

价格要根据产品档次、竞争者的价格及品牌核心价值而定。LV之所以能定到高昂的价格是因为过硬的产品质量、品牌历史以及品牌资产的积累，如果把LV的价格降到中档，相信LV的忠实消费者也不会同意的。

（七）品牌识别定位

品牌识别由文字、图形、符号、色彩等视觉识别以及联想与个性形成，是客户通过产品、营销传播与员工的体验，最终形成对企业品牌认知和感受的综合体。品牌识别是由企业自行确定的一个自我品牌形象，它要成为被客户认可的品牌形象，必须通过产品与服务、员工的参与和各项营销活动，与客户进行积极的、统一的品牌沟通活动，才能将企业规范的视觉符号、联想和个性转化为可以适应客户期望、价值观与各种利益需要的品牌识别。

拿耐克品牌来说，其品牌个性为“杰出的、运动的、自我表现的、创新的”，这一个性对耐克品牌视觉识别（企业Logo、企业色彩、广告创意风格、标识语等）提出了要求。耐克标志创意来源于希腊胜利女神的翅膀，说明企业追求“胜利的、杰出的”个性，图案本身给人一种运动和创新的感觉。耐克选用红色作为标准色突出其热情、运动的特性。标识语“Just do it!”简洁有力。

(八) 包装及广告定位

这两方面的定位是与消费者接触最直观的部分,也是品牌传播系统中最直观的部分,因此有人误把这两方面作为品牌定位的全部。实际上通过一些品牌的历史,我们看到,合理的包装与有创意的广告能够推动品牌的发展,但是只是必要条件而不是充要条件。而且包装与广告的定位也要围绕品牌的核心价值,切不可只关心广告创意而天马行空,这种广告可能获奖,但是并无益于品牌核心价值的传播与品牌形象的积累。

下面我们通过两个案例来看一下品牌定位:

案例:报喜鸟的品牌定位

目标客户群:30~50 岁中产阶级中锐意进取、活力非凡、享受生活的成功男士。

品牌策略定位:"东情西韵、古风新律",通过运用中国元素,形成高贵、儒雅、精致的产品风格,塑造具有民族特色的品牌形象。以品质、服务、创新作为品牌的理性特质来满足目标客户的理性需求,以进取、活力、喜悦作为品牌的感性特质来满足目标客户的感性需求。

产品定位:西服为主导产品,向男士衬衫、羊毛衫等系列男士服装延伸,体现男士正装休闲化的潮流。通过产品延伸提供给消费者更丰富的选择,改善购物体验,提高品牌在消费者中的认可度。曾服务于 Armani、Valentino、Versace、Pierre Cardin、Hugo Boss、Zegna 等多家国际知名服装企业意大利籍首席工艺师、技术总监充分保证产品的高品质。

产品价格策略:全国统一价,不打折;俱乐部策略,VIP 会员可以享受积分消费,并可享受增值权益和倾心服务,提升品牌价值与客户忠诚度。

宣传定位:根据不同区域的市场情况,有针对性地制定广告方案。

渠道策略:渠道主要由覆盖一、二线城市的特许加盟专卖店组成,公司负责管理价格、店铺形象、客户服务以及物流等方面,保持公司形象、产品以及服务的一致。

公司"东情西韵、古风新律"的品牌策略,明显区别于其他男士正装品牌,可以充分体现目标客户群体的社会地位与素养。产品与价格策略对品牌策略进行有效诠释,体现目标客户群对产品品质的诉求。宣传与渠道策略保证服务的高标准与一致性。综合考虑公司品牌目标客户群、品牌策略、产品策略、价格策略、宣传策略、渠道策略及公司品牌具有一定知名度、覆盖面较全的营销网络、研发能力优良、财务状况优良的事实,公司品牌定位清晰、基础良好。

公司计划通过建设 6 家旗舰店、15 家景观店，使销售渠道模式由特许加盟模式向直营与加盟相结合的方向发展，销售渠道层次由单一加盟店向旗舰店、景观店、加盟店多层次布局发展。

从销售渠道模式的角度考虑，特许加盟模式：公司专注于产品的设计与生产，销售主要由特许加盟店完成；公司的资金压力小，特许加盟店自身的资源及广阔覆盖范围可以帮助企业快速成长；零售渠道的收益由特许加盟商获得；公司对特许加盟商的控制能力较弱，对市场的反应速度较慢。

直营模式：公司需要同时专注于产品生产与销售，对管理水平、人才储备以及资金占用要求较高；公司可以同时获得生产与渠道带来的利润；对渠道的控制能力强，可以有效维护与提高品牌形象。公司拟采取的直营与加盟相结合的渠道模式可以有效综合直营与加盟的优点，是目前服装品牌所采用的主要渠道模式。

从销售渠道层次的角度考虑，由加盟店构成单一销售渠道，由于加盟店面积相对较小，形象展示空间有限，公司对其控制能力相对较弱，无法充分展示品牌形象，但其覆盖面积较广。旗舰店因面积大，形象与地理位置一流，在公司计划建设的渠道体系中主要向消费者展示公司品牌形象。景观店采用可复制与模仿的装修与货品陈列，在公司计划建设的渠道体系中作为区域样板店与管理中心，统一管理区域内加盟店，优化资源配置。景观店标准化的装修与货品陈列以及较大的面积也可以起到区域品牌形象展示中心的作用。公司计划建设的旗舰店、景观店以及加盟店组成的多层次渠道，在利用原有加盟店覆盖面积广、更接近消费者的基础上，通过旗舰店、景观店向消费者展示公司品牌形象，提升品牌知名度。

从加盟店的管理角度考虑，旗舰店、景观店在位置上与原有加盟店接近，可能存在客源冲突的问题，但在旗舰店、景观店对品牌形象的提升作用下，消费者对品牌的认可度可以提高，同时促进不同渠道销售。

从现有销售渠道扩张的角度考虑，公司致力于销售网络质量的提升，严格控制加盟商的加盟条件，撤销业绩不合公司要求的加盟店，提升加盟店单店盈利能力，控制加盟店数量增长在 10%以内，预计 07 年底公司加盟店数量为 600 家。（http://www. stockstar. com）

案例讨论：报喜鸟的品牌定位包括哪些方面？

案例：ZARA 的品牌定位

品牌的核心价值：快速提供给消费者能购买的时装。

营销定位与营销运作：ZARA 品牌在全球各地设有 500 余家专卖店，每一家ZARA专卖店与其称之为店铺不如称之为小型商场，因为ZARA专卖店往往都拥有万余平方米的面积，上万种不同款式的服装，使消费者能够形成“一站式”购物环境。多款少量的营销方式，使得同一种款式、不同尺寸的时装只有十余件，销售好的话最多补货两次，一方面减少同质化产品的产生，满足市场时尚化、个性化的需求；另一方面，也促使顾客产生即时消费，避免购物遗憾。

目标消费群定位：面向流行敏感度高且消费能力强的25～35岁顾客群。

具体措施：关注消费群体的意见，全球零售点的第一线工作人员聆听消费者对产品的建议，从颜色、款式到价格，每天汇总回总公司，设计部门立即进行分析，两星期后，依顾客建议而产生的新产品就可以在店内找到。

产品定位：产品类型也多选择非冬季类时尚女装为主。

价格定位：低价格。

款式定位：流行时装。

具体措施：ZARA通过汇总每季最畅销的流行单品，集各品牌营销之所长。

生产模式定位：快速的流程。

具体实现措施：ZARA投巨资设立了自己的纺织厂及服装加工厂，并在欧洲一些主要地区建立独立的物流运输企业。14个工厂连结一个超大型自动化配销仓库，完全自制自销，虽然生产成本比外包生产提高15%至20%，但高效率的作业管理使得生产速度得到提升，减少存货带来的滞压成本，因此可以维持稳定的10%利润率。当ZARA的专卖店离开欧洲到达美洲及亚洲之时，为了解决同样的问题，并减少固定资产的投入，他们采取了参股的方式，与一些生产能力强、并在管理及产品质量上有一定保证的生产企业建立了合作关系，而物流系统则由销售区域内专业的运输公司解决。因此ZARA才形成了今天一件产品从设计开始到选料、染整、剪裁、针缝、整烫、运送乃至成品上架最长只需3周的快速供应体系。

产品质量定位：中档质量。

具体实施：为了适宜产品快速进入消费市场，生产中尽量避免制作周期较长或档次较高的面料在产品中使用，他们将与“时尚”无关的细枝末节通通减掉，在保证产品质量的前提下最大限度地节省成本。（http://blog.eastday.com）

案例分析：一个品牌要让消费者接受，完全不必把它塑造成全能形象，只要有一方面胜出就已具有优势，国外许多知名品牌往往也只靠某一方面的优势而成为名牌。每一个品牌必须挖掘消费者感兴趣的某一点，而一旦消费者产生这一方面的需求，首先就会立即想到它。Zara 恰恰做到了这一点，它首先了解了有一部分消费者追求时尚，又苦于囊中羞涩，所以它推出的产品是既时尚又便宜，这颇具吸引力。但是具有这种特性的品牌大有人在，那如何让消费者记住自己？所以它又努力形成了自己的又一个优势——速度，这既利用了服装产品流行周期短这个特点，同时又迎合了消费者不断追求美的心理。因此形成自己独特的核心价值——时尚、低价位、速度快，然后通过整个品牌系统定位，制定相关策略，取得了品牌的成功。

课后思考题

1. 什么是服装品牌定位?
2. 服装品牌定位包括哪些方面?
3. 查找一个案例总结一下这个品牌的定位过程。

课后预习题

如何让消费者了解品牌?

第四章 塑造服装品牌整体视觉识别元素

要理解什么是服装品牌形象，首先要理解什么是形象，形象是主体在一定的情境下，采用一定的知觉方式对客体的感知。从心理学角度讲，形象是人们反映客体而产生的一种心理。所有作用于主体的关于客体的信息都能影响到客体在主体心目中所形成的形象。那么说到品牌形象，简单的说就是指品牌的各种因素作用于顾客心目中从而所形成的某种印象。正确理解品牌形象的定义对于企业合理塑造品牌形象非常重要。

从心理学的角度来看，品牌形象是存在于人们心理的关于品牌的各要素的集合体，主要是人们对品牌的态度。这是从消费者的角度来看品牌形象的概念。从企业的战略来看，品牌形象是在竞争中的一种产品或服务差异化的含义的联想的集合。

结合上述两方面我们可以总结出：

服装品牌形象是指消费者对于能接触到的所有服装品牌信息，例如品牌名称、标志、品牌的宣传资料、产品等，经过自己的选择与加工，在消费者心目中形成的有关此品牌的印象总和。

人们对品牌形象的认识开始是基本着眼于影响品牌形象的各种表面因素，如品牌属性、名称、包装、价格、声誉、店铺形象等。企业在培育品牌的过程中发现品牌的一些表面因素并不能完全在消费者的心目中形成企业所期待的形象，于是企业从多方位探寻如何塑造完美的品牌形象。最早有意识塑造品牌形象的是 IBM。

1950 年，IBM 公司率先利用企业标识设计塑造企业形象，当时公司聘请工业设计权威专家进行 CI 设计。他们把公司的全称(International Business Machines)缩写为 IBM 三个字母，1976 年保罗・兰德又为 IBM 公司设计了八条与十三条纹两种变体标志，并选定标准色为蓝色。这个兼具标准图、标准字、标准色的 IBM 标志，从单一识别功能发展到具有代表性、说明性、象征性等多种功能，鲜明地表现了 IBM 的经营哲学、品质和时代感。它几乎成为“前卫、科技和智慧”的代名词，被誉为“美国国民的共有财产”。接着公司利用一切设计项目来传达 IBM 的优点和特色，并使设计的应用统一化，广泛使用在信封、服装、车辆和广告上，进一步通过技术创新、产品设计和生产以及优质的售后服务来体现“IBM 就意味着服务”的理念，最终调动起一切因素使 IBM 公司成为公众信任的计算机界的“蓝色巨人”。IBM 引起美国许多公司纷纷效仿，美孚石油公司、东方航空公司、3M 公司等在导入 CI 设计后业绩提高得很快。

图 4-1　IBM 公司的 CI 设计

由于二战的影响，日本企业导入 CI 设计比欧美晚了一二十年，但 70 年代日本人紧跟美国潮流，并创造出有自己特色的 CI 理论。相比而言，欧美的设计偏向于市场营销导向的视觉设计，注重在公司标志、字体、色彩等方面给人以清新感觉，将视觉识别系统作为 CI 设计战略核心。

CI 在台湾 70 年代后期兴起，80 年代中后期盛行。台塑、味全、统一、宏基电脑等先后导入 CI 设计，极大地提高了他们在市场竞争中的地位。80 年代末，CI 设计在我国大陆开始露面，我国沿海经济发达地区的部分企业，受到国际化和市场化经营的感召，顺应时代潮流。率先导入了 CI 设计系统，揭开了 CI 在中国大陆传播的序幕。

下面我们先来了解一下什么是 CI。

第一节　企业 CI 设计

一、认识 CI

CI 系统(Corporate Identity System)即企业形象识别系统，是企业规模化经营而引发的企业对内对外管理行为的体现。当今国际市场竞争愈来愈激烈，企业之间的竞争已不是产品、质量、技术等方面的竞争，已发展为多元化的整体的竞争。企业欲求生存必须从管理、观念、形象等方面进行调整和更新，制定出长远的发展规划和战略，以适应市场环境的变化。现在的市场竞争，首先是推行企业形象设计，实施企业形象的竞争。为统一和提升企业的形象，使企业形象表现出符合社会价值观要求的一面，企业就必须进行形象管理和形象设计。以标志为核心的视觉识别系统，承载了企业的品牌信息，对传播企业形象、构建品牌形象等方面发挥着主导性作用，可以说形象传播赋予企业以生命。

CI设计系统是以企业定位或企业经营理念为核心的，对包括企业内部管理、对外关系活动、广告宣传以及其他以视觉和音效为手段的宣传活动在内的各个方面，进行组织化、系统化、统一化的综合设计，力求使企业所有方面以一种统一的形态显现于社会大众面前，反映出良好的企业形象。

目前人们给CI的定义较多，较全面的一个定义是：CI的主体是企业，它是企业内在素质的一种强化形式，指企业有意识、有计划地将自己企业的各种特征向社会公众主动地展示与传播，从而使公众对企业有一个标准化、差别化的印象和认识。

二、CI系统的构成

CI系统是由理念识别（Mind Identity 简称 MI）、行为识别（Behariour Identity 简称 BI）和视觉识别（Visual Identity 简称 VI）三方面所构成。

1. 理念识别（MI）

它确立企业独具特色的经营理念，是企业生产经营过程中设计、科研、生产、营销、服务、管理等经营理念的识别系统。理念设计是企业对当前和未来一个时期的经营目标、经营思想、营销方式和营销形态所做的总体规划和界定，主要包括：企业精神、企业价值观、企业信条、经营宗旨、经营方针、市场定位、产业构成、组织体制、社会责任和发展规划等，属于企业文化的意识形态范畴。

2. 行为识别（BI）

行为识别是企业实际经营理念与创造企业文化的准则，对企业运作方式所做的统一规划而形成的动态识别形态。它以经营理念为基本出发点，对内建立完善的组织制度、管理规范、职员教育、行为规范和福利制度；对外则是通过开拓市场调查来进行产品开发，通过社会公益文化活动、公共关系、营销活动等方式来传达企业理念，以获得社会公众对企业识别认同的形式。

3. 视觉识别（VI）

视觉识别是以企业标志、标准字体、标准色彩为核心展开的完整、体系的视觉传达体系，是将企业理念、文化特质、服务内容、企业规范等抽象语意转换为具体符号的概念，塑造出独特的企业形象。视觉识别系统分为基本要素系统和应用要素系统两方面。基本要素系统主要包括企业名称、企业标志、标准字、标准色、象征图案、宣传语和市场行销报告书等。应用系统主要包括办公事务用品、生产设备、建筑环境、产品包装、广告媒体、交通工具、衣着制服、旗帜 、招牌、标识牌、橱窗和陈列展示等。视觉识别(VI)在CI系统中最具有传播力和感染力,最容易被社会大众所接受,据有主导的地位。

在CI设计系统中,视觉识别设计(VI)是最外在、最直接、最具有传播力和感染力的部分。VI设计是透过视觉符号的设计统一化来传达精神与经营理念,有效地推广企业及其产品的知名度和形象。因此,企业识别系统是以视觉识别系统为基础的,并将企业识别的基本精神充分地体现出来,使企业产品名牌化,同时对推进产品进入市场起着直接的作用。VI设计从视觉上表现了企业的经营理念和精神文化,从而形成独特的企业形象,就其本身又具有形象的价值。

案例:维古(VON GUSTO)服饰VI设计

图4-2　维古的Logo

图4-3　维古的宣传手册

图4-4　维古的户外广告

图4-5　维古的专卖店设计

(http://www.sino-stardesign.com)

三、CI与品牌的关系

CI被称为企业形象，企业形象的塑造对品牌的发展有什么作用呢？

将企业经营理念与精神文化，运用整体传达系统（特别是视觉传达系统）传达给企业内部与大众，并使其对企业产生一致的认同感或价值观，从而形成良好的企业形象和促销产品的设计系统。品牌则是一个以消费者为中心的概念，没有消费者就没有品牌，其价值始终体现在品牌与消费者的关系之中。品牌的塑造是以CI为依托的，必须与CI精神相一致。品牌的核心价值必须与企业文化相协调，品牌的标志与企业标识相协调，有时可以一致。企业的CI与品牌建设都是为了解决企业如何在自己的研产销服多环节中给消费者创造价值，并赢得消费者充分信任的问题，从而在销售量、利润率、品牌美誉度、忠诚度等市场终端指标中体现出来，也就是为了企业与品牌的长远发展。良好的企业形象将会促进品牌的发展，因为企业形象也是能被消费者所感知的，人们往往会把这些信息与企业品牌联系在一起，进行比较、分析，从而会加深或抹去品牌在心目中的印象。

我国服装品牌CI设计基本近似，我们只要到市场上看看，就会发现，许多服装品牌名称、标志、视觉系统主色调、店面装修、产品都很接近。这种情况下消费者对各品牌印象相同，不知从哪些方面区分不同的品牌。这种品牌形象雷同的现象，造成消费者无法识别，无法形成品牌忠实的消费群体，基本上都是随机消费。品牌形象的滞后，直接制约营销业绩的提升。现在，许多品牌已有了CI设计，可是，许多品牌的CI只做了表面功夫，却没有落到实处，对营销已不能产生促进作用，这严重制约着品牌的发展。

品牌形象不是孤立存在的，他是由许多营销中的形象罗织起来的，如品牌名称、产品的形象，价格的形象等，它们都关系到品牌形象的建设。

下面我们先来学习品牌的视觉传达中的品牌名称与标识部分。

第二节　品牌名称设计

美国品牌专家菲利普·琼斯（Philip Jones）认为，品牌的附加值是以某种形式存在于它的名称之中的。一个好的名称便于消费者记忆，使人产生联想，引发好感，促进购买；同时节约传播费用。反之，一个不恰当的名称表达不好企业的主张，浪费很多传播费用，极大地影响消费者购买。好的名字是塑造品牌不可或缺的因素。如“可口可乐”直白地说出口感体验、“白领”强调职业的成就感从而延伸心理的优越感、“ONLY”被定位的目标消费群体轻易地读懂“独一无二”。

国际上知名的服装品牌多是以原创设计师的名字命名，比如：皮尔·卡丹、古奇、阿玛尼、夏奈尔等，由于设计师在整个消费者市场的影响很大，所以设计师的名称本身就是一个很好的广告，所以不用费心思去想别的名称。其余的品牌也根据产品的特性及品牌核心价值有了一个很好的名称及标识。例如：Nike这个名字，在西方人的眼里很吉利，易读易记，很能叫得响。耐克商标象征着希腊胜利女神翅膀的羽毛，代表着速度，同时也代表着动感和轻柔。耐克公司的耐克商标，图案是个小钩子，造型简洁有力，疾如闪电，一看就让人联想到使用耐克体育用品后所产生的速度和爆发力。首次以"耐克"命名的运动鞋，鞋底有方形凸粒以增强稳定性，鞋身的两旁有刀形的弯勾，象征女神的翅膀。

在一个形象代表一切的世界里，耐克的"√"是全世界最多人认得的标志之一。要了解耐克的成功与企业文化，对"√'的了解是不可或缺的，因为它是让耐克品牌变得无所不在的一个商业标志。由于"√"实在太知名，以至于在耐克的广告中只见到"√"，而没有看到公司的名字，因为公司有充分的把握，人们看到这个符号即知道这是耐克，毋须出现只字片语。它成为一个文化的圣像，一个耐克用来提高品牌价值、知名度以及地位的圣像。没有一家体育用品公司的品牌像它那么为人所知。公司的广告与营销预算，估计约高达年收入的10%，就为了将它的"√"符号深深烙刻在消费者的脑海中。

品牌命名是品牌定位的视觉化的开始。命名的过程是一个将市场、定位、形象、情感、价值等转化为营销力量并启动市场定位与竞争的过程。品牌名称，不是一个简单的符号，它能强化品牌定位，帮助品牌参与竞争，并很好地与竞争对手区分，而且还以其可能隐含的形象价值"使某一品牌获得持久的市场优势"。

一、品牌的名称设计应考虑的因素

（一）目标市场

一个品牌走向市场，参与竞争，首先要弄清自己的目标消费者是谁，以此目标消费者为对象，通过品牌名称将这一目标对象形象化，能使消费者对此名称产生共鸣，并且通过品牌名称能清晰地告诉市场：该产品的目标消费者是谁，谁将能成为此品牌的消费者。例如，服装所定位的目标消费者可以是男士、女士或儿童、年轻人、老年人等，所以服装品牌名称就要符合它的消费群体。例如，著名的童装名称有叮当猫、jacadi（亚卡迪，法国著名儿童品牌），这些名称都轻松活泼，适合儿童天真的个性；老年服装品牌名称有桑榆情、感恩的心、爱晚亭等，从这些名称上我们就感觉到品牌所针对的消费市场。

(二) 品牌的核心价值

品牌的命名是为了传播品牌的形象，从而把品牌的核心价值让消费者所感知，所以品牌名称最好是能表达品牌的一种核心理念。例如 ESPRIT 恰恰是 sprite 的变形，sprite 代表灵魂、精神，有种积极向上的感觉，这也就是 ESPRIT 的核心价值，ESPRIT 一向以朝气蓬勃、活泼开朗的形象独树一帜，整体设计风格反映出浓厚的加州色彩，充满阳光的热情与活力，体现无拘无束与自由自在。最为著名的设计理念是"在乎心态而非年龄"，因此它受到各种年龄段的各界人士拥戴。很早以前就是美国名牌的 ONLY 恰恰代表了品牌产品的独特性。它的核心价值表现在 ONLY 为所有生活在世界各大都市的独立、自由、追求时尚和品质敏感的现代女性设计。ONLY 女性是 20 岁左右的女孩，她们乐于拥有独特的个性，ONLY 为她们带来了年轻、活力和有趣的生活方式。ONLY 的风格是与众不同的，富有激情并充满生机。

(三) 品牌命名的独一无二性，并且要吸引消费者

品牌的命名除了起到消费者识别品牌的作用，它还起到区别其他品牌的作用，所以企业在为品牌命名时一定要注意名称的独特性，这也符合商标法的规定。我国在前几年对命名往往忽略独特性这一点，给产品起的名称往往重复，例如，给产品冠以"长城"的企业有 200 多家，用"熊猫"做品牌的企业有 331 家，甚至有哪个品牌出名，那么许多企业便模仿这个名称。例如，有个国内服装品牌的命名是圣·迪奥斯，这种做法恰恰反映了企业的短视行为，实际上为企业的发展埋下了很大的隐患。雅诗兰黛最初在给化妆产品命名时要求名称既要反映自己参与设计过并且要最大程度吸引消费者。于是经过反复的考虑，把自己的名字改成 Estee Lauder，并把此名称作为产品名称。此名称具有女性的柔美而且还很时尚，翻译成中文名称既具有女性的柔美也具有欧洲气息。

(四) 符合国际化要求

目前国际化经营已成为一个趋势，所以企业在品牌命名时要考虑到名称是否有利于国际社会的认同与识别。例如，SONY 已成为世界上最著名的品牌之一。在任何语言中，SONY 都没有什么实际意义，但是，在任何语言中，SONY 的发音都一样，这正好符合品牌的国际化战略。

(五) 品牌命名要注意入乡随俗

每个地区都有自己的文化类型，也有自己的风俗习惯，所以品牌的名称要

符合目标消费地区的风俗习惯。据说"Coca Cola"初进上海时还没有一个正式的名字,商店自行命名为"蝌蚪啃蜡"(音译)(也有"啃蜡蝌蚪"、"口渴口辣"的说法),后来销售量一败涂地。于是,可口可乐公司决定在美国纽约和英国伦敦举行中文名称命名比赛,时在英国的蒋彝先生,大笔一挥,以"可口可乐"4字,潇洒中标,于是才有了可口可乐今天在中国的辉煌。

案例:"金利来"的由来

曾宪梓最初给自己的领带起的商标名称叫"金狮",并兴致勃勃地将两条"金狮"领带送给他的一位亲戚。可没想到他的亲戚拒绝了他的礼物,并不高兴地说:"金输、金输,金子全给输了!"原来,在香港话中,"狮"与"输"读音相近,香港人爱讨个吉利,对"输"字很忌讳。当晚,曾宪梓彻夜未眠,绞尽脑汁改"金狮"的名字,最后终于想出个好办法,将"金狮"的英文名"goldlion"由意译改为意译与音译相结合,即"gold"仍意译为"金",而"loin"(狮)取音译,为"利来",即成为"金利来"名称。金利来,"金"与"利"一起来,谁听了不高兴?接着,曾宪梓又突发奇想,中国人很少用毛笔写英文,我用它写,不就是很特别的字形吗?于是他在纸上用毛笔写出了"goldlion"字样,再让设计人员整理、编排好,这就是现在"金利来"的英文标志。曾宪梓又用一枚钱币画了一个圈,用弓角尺画了个"l",一个优美的商标图形就这样构成了。自改商标名称以后,"金利来"果然一叫就响,成为驰名的领带商标,金利来公司也从此发展起来。(http://hi.baidu.com)

案例:LUX 的经典品牌名称

英国联合利华公司的力士(LUX)是当今世界最有名的香皂品牌之一。力士品牌今天之所以在全球风行,除了它大量利用影星做广告树立国际形象外,该品牌名称典雅高贵的优美含义也为它的发展起了很大的推动作用。可以这么说,初期的力士能成功完全依赖其杰出的命名创意。利华公司19世纪末向市场推出了一种新型香皂,一年中先后采用过猴牌(Monkey)与阳光牌(Sunlight)作为品牌名称。前者与香皂没有任何联系,显得不伦不类,且有不洁的联想;后者虽有所改进,但仍落俗套。第一年里,香皂的市场销路一直不好。1900年,公司在利物浦的一位专利代理人建议了一个令人耳目一新的品牌名称——LUX,立即得到公司董事会的同意。名称更换之后,产品销量大增,并很快风靡世界,时间不长就成为驰名世界的品牌。虽然香皂本身并无多大的改进,但LUX给商品带来的利益是巨大的,可以说这种商品的成功很大程度上归功于它的品牌命名创意。LUX是一个近乎完美的品牌名称,它是西方国家拉丁字母品牌命名的经典之作，备受业内人士推崇。LUX几乎能满足优秀品牌的所有优点。首先它只有三个字母，易读易记，简洁明了，在所有国家语言中发音一致，易于在全世界传播。其次它来自古典语言luxe，具有“典雅”、“高贵”的含义，它在拉丁语中是“阳光”之意，用作香皂品牌，令人联想到明媚的阳光和健康的皮肤，甚至可以使人联想到夏日海滨度假的浪漫情调。另外，它的读音和拼写令人潜意识地联想到另外两个英文单词Luckys（幸运）和Luxury（精美华贵）。无论作何种解释，这个品牌名称对产品的优良品质起到了很好的宣传作用，它本身就是一句绝妙的广告词，至今几乎没有其他品牌能在命名内涵上超过它。（杨文京《有效营销》）

二、评价品牌名称的原则

(1) 企业、品牌名称表示出的形象必须是美好的，这样才能令人喜爱。例如，雅诗兰黛在给产品命名时非常注意消费者的想法，希望产品名称能吸引消费者，而且与品牌形象融合在一起。在研制出一款香水后进行消费者调查时她发现，人们在试用这款香水后，不约而同地使用了“美丽”这个词来评价它，雅诗兰黛当即决定用“美丽”来给香水命名。

(2) 企业、品牌名称形象又必须是有个性的、独特的，这样才能令人印象深刻，从而容易记忆和传播，带来事半功倍的宣传效果。

(3) 企业、品牌名称的含义必须是吉祥的，符合民俗文化。

(4) 企业、品牌的名称必须和其行业所属的性质相吻合，

(5) 企业、品牌名称必须容易上口，说着顺嘴，听着顺耳。

第三节 品牌标识

一、品牌标识对于品牌塑造的作用

（一）增加品牌的识别度

在品牌视觉识别要素中，标识是核心要素。标识是指造型单纯、意义明确、颜色协调的视觉符号，标识有的是用品牌的文字名称或设计图案或两者相结合的一种设计。好的标识具有识别功能，是品牌形象和文化的浓缩，一个设计杰出的、符合品牌理念的标志，会增加品牌的信赖感和权威感。下面是古奇简洁、清晰的字母标识，引领出独树一帜的流行风格。不管在什么地方只要看到这个标志，立即感觉到了产品的尊贵。

图 4-6　GUCCI 的品牌标识

（二）便于对品牌的理解和记忆

在消费者接触到产品及品牌服务等其他要素之前，形体简洁、形象明朗、引人注目的标识易于理解和记忆，能引起消费者的注意，增加对品牌的好感。这对于一个新的品牌尤为重要。

（三）标识可以体现品牌的文化价值

品牌标识不是一成不变的，品牌标识如果不能与时俱进，那么，它对新一代消费者的吸引力会减弱。所以品牌标识既要围绕品牌的形象，又要结合时代元素，这也是品牌年轻化的一个有效途径。例如 2009 年 2 月雪铁龙在巴黎正式发布其全新品牌标识，新标识的发布只是雪铁龙整体变革战略中的第一步。新的品牌标识仍以双人字标为基础，同时整体采用富有金属感的色泽，轮廓更立体圆润，极富时尚、现代气息，新标识延承的双人字造型代表了雪铁龙的“人本精神”。

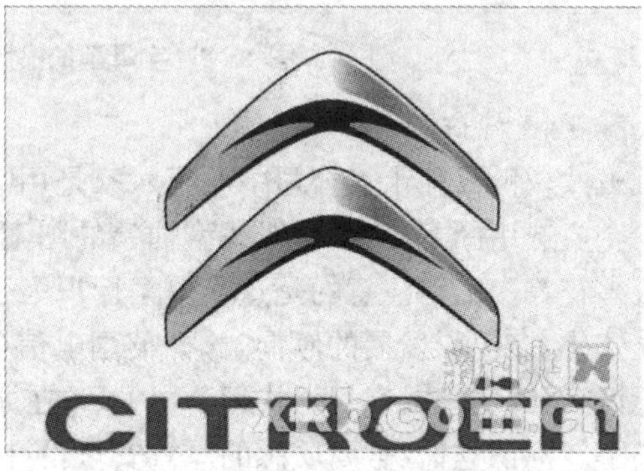

图 4-7　雪铁龙的品牌标识

企业标识的设计需要全体员工的参与，但最关键的仍然是企业高层的介入，没有从上而下的引导和组织，企业标识的建设和推行是无法完成的。标识虽然只是企业品牌建设的一部分，但却是视觉要素的重要部分，标识设计不是设计师天马行空般的任意想象，而应是美学与品牌核心理念之间的完美结合。在标识设计之前设计师往往需要更多理解企业背景、行业特征、竞争对手、企业变革、企业文化，了解设计时间表和项目预算。

二、企业标识设计完后的评价体系

(1) 标识是否简洁美观。

(2) 标识是否表现了企业的形象追求。

(3) 标识是否可以区别于竞争对手。

(4) 标识是否易于传播。

三、企业标识设计类型

1. 字母标识

字母型的标识往往采用品牌的全称或由名称中的某个字母变化而成。

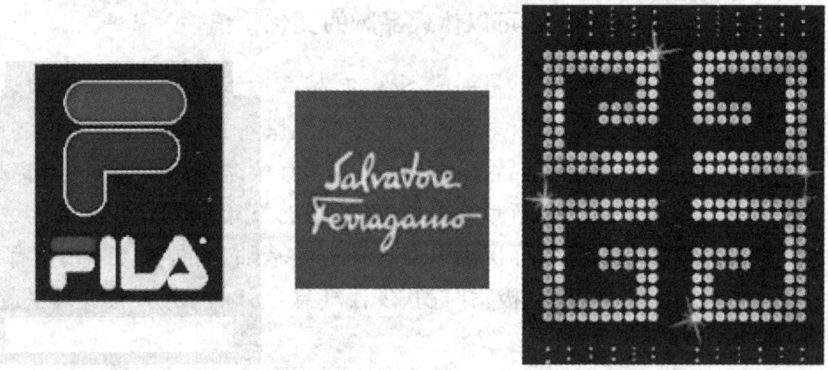

图 4-8　字母型的品牌标识

2. 图案标识

虽然说世界前十大公司中就有六家是用字母作为企业标识的，但仍然有不少企业选用图案，一种是线条型抽象的图案，另一种则是具体的事物，如苹果或雪花等。值得注意的是这些图案标识为了适应时代的发展，目前看来有向立体化、多色彩发展的倾向，比如英国电信(BT)就选择了六色彩的球型立体标识，新鲜、立体、夺目。快运公司 UPS 在原有的蝴蝶结盾牌设计的基础上赋予了新标识立体、金属质感的厚重安全设计模式，苹果电脑公司的那“咬了一口的苹果”由多色彩转为透明色、泛着金属光泽的银灰色标识，其立体时尚和酷的感觉将更加符合苹果旗下具有影响力产品的 itunes 和 iPod，也更符合年轻一代审美和创新的感觉。为了让标识充分体现企业的战略理念，除了立体和色彩的视觉冲击力外，还可以选择让标识动起来。AT&T 花费 5000 万美元推出主题为“无垠无界 ”的形象广告，于当年的夏季奥运会期间在国家广播公司的电视网上播放。AT&T 的蓝色球体标识被制成动画并伸展成不同形象，其主旨在于告诉市场，AT&T 不仅是长途电话公司，还是具有新锐气派的宽带业务运营商。

图 4－9　苹果电脑品牌标识

3. 字母与图案并存

这种标识图文并茂，既有视觉效果，又有文字“说明”，但是不太简洁。

图 4－10　字母与图案并存的品牌标识

案例：雅戈尔的标识演变

从 1991 年以来，雅戈尔做过三次 VI 设计，前后有三次不同的标识。1991 年设计的标识为一个圆形图案中加一个“Y”，1993 年为一椭圆形中间加一个“Y”，此标识由于推广有力，传播很广，在受众心目中产生一定的认同感。1994 年全面导入 CI 时做了更新设计，即设计了一个“I”（表示争创一流），下面加英语单词 YOUNGOR（表示永葆青春）。这个标识也推广了一段时间，但很难被受众接受，原因是标识变更中把原有的柔性，一下子更换为霸气十足的硬性。这之后，又恢复了1993年的椭圆形标识。鉴于此，雅戈尔曾一度请中央美院的专家再行设计，但始终未尽人意。2001年1月，李如成说："多年来，雅戈尔的企划、宣传、广告工作做得不成熟，与雅戈尔的内涵和知名度不相称。要重新导入CI。"并说："抓好CI设计工作，提升雅戈尔品牌形象。要把雅戈尔作为国际品牌形象来提升，使雅戈尔品牌不但有很大的市场占有率，而且有很高的美誉度和知名度。"这就有了新设计的"龙马"标识。

图4-11　雅戈尔的品牌标识

这是一个马首龙身的图案，组合了中华民族的图腾崇拜龙和象征勤勉的马，简约的线条勾勒出传统皇家御马的头部，盛装舞步，昂然前视。龙身前伏后拱，做飞跃之态，形成一个极具张力的结构，体现出前跃的动感。向后飘动的流线组合成飞动的流云，衬托出龙马凌空飞腾的神采。颈顶上的飘带和飞扬的龙尾使其更加神采奕奕，神骏不凡。这个标志源自东方，造型则采用西方曲线，可谓中西合璧。设计寻求中西文化的充分融合和平衡，强调"东情"与"西韵"的相互渗透与融入，从而创出了新意。龙马标志既显示雅戈尔品牌高贵典雅的品格与风范，并且渐趋经典、成熟，诠释出一个全新的品牌形象，又折射着雅戈尔创业者勤勉与诚实的企业精神，较成功地体现了雅戈尔"创国际品牌，筑百年企业"的发展思路。（鲍春梅《人民日报》2006年3月27日第十五版）

案例讨论：雅戈尔为什么要进行品牌标识的修改？

第四节　品牌包装

我们这里所提的品牌包装指的是产品的包装，品牌包装是品牌形象的重要组成部分，市场营销权威菲利普认为，包装是指设计并生产容器的一系列活动，是商品进入流通、消费领域不可缺少的条件。包装设计的内容包括：产品包装箱、产品包装袋、产品吊牌、打包彩条、产品领标、产品侧标、水洗标、装饰标、拉链头、钮扣、卡通吊饰、名片。

一、包装的重要性

国务院前副总理李岚清曾说过："质量包括外观质量和内在质量，外观包装质量不好，人家会怀疑你的内在质量。"包装是产品制造过程中的最后一道工序，又是进入市场的第一步，不仅对产品进入流通领域起保护其价值的作用，还能起到促进销售，提高附加值的作用。江泽民在1992年时曾指出："包装工作很重要，它可以提高产品的附加值，一定要重视。"国外将外观包装质量作为衡量制造技术水平和生产管理水平的重要标志。包装的重要性如下：

1. 实现商品价值和使用价值，并是增加产品附加值的一种手段

消费者对商品在生理、心理上的需求视觉化、理想化地表现在包装上，使商品成为消费者人格的象征物，促使消费者喜爱并最终促使消费者购买行为的完成，便成了包装的重要职能。包装直接针对产品，但又是品牌形象的具体化、标识化。包装设计是品牌形象的直接传播与推出，消费者对产品印象的好坏直接作用于产品本身。

2. 保护商品

包装使商品免受日晒、风吹、雨淋、灰尘沾染等自然因素的侵袭，防止挥发、渗漏、溶化、沾污、碰撞、挤压、散失以及盗窃等损失。

3. 美化商品、吸引顾客，传达商品信息，有利于促销

包装是内在产品的外在反映。产品包装在保护产品、装饰产品的过程中，借助一些影像、图案、文字等给消费者创造一个美的视觉形象，以不同的形式表现和宣传产品的特点和功用，帮助消费者认识产品，刺激人们的视觉感官，以便赢得更多的购物者和消费者，从而使消费者很轻松地找到自己所需要的产品。服装包装设计针对性非常强，要想让商品在货架上就脱颖而出，就要在色彩和构图上多下功夫，尤其是对商品的表现要准确。一个包装传达的内容主次要分明，通常我们在设计包装时要有几个试先预想的问题，把这些问题解决了，也就说明我们的包装基本符合传达要求了。雅诗兰黛非常注重产品包装，坚信粗糙的包装不会激起人们的购买欲望，所以在设计每款产品包装时都有新的创意。例如在一次品牌推广活动中，雅诗兰黛想为自己的产品设计新的包装，因为原有的瓶装让人感觉有些像药。雅诗兰黛要设计能展现产品魅力的包装，经过几个月的调查研究后选择了白色掺杂绿松石色的风格，这种产品风格与销售环境非常和谐。

图 4-12　包装图例(1)

图 4-13　包装图例(2)

二、包装设计的原则

1. 设计要围绕品牌的设计风格

例如，夏奈尔的设计风格永远遵循高雅、简洁的原则，推崇简洁、精美，并善于突破传统。夏奈尔在推出香水产品时，香水瓶的设计也保持着一贯的设计风格——简洁。夏奈尔曾说过："我的美学观点跟别人不同，别人惟恐不足地往上加，而我一项项地删减。"夏奈尔 5 号香水瓶外形由欧内斯特·博瓦设计，长方形的瓶盖磨成祖母绿状，标签是白底黑字，无任何花饰，整个设计反映出夏奈尔的风格——简约、纯净、有效，与现代人的精神相吻合。1959 年，香奈尔 5 号香水瓶以其所表现出来的独有的现代美荣获"当代杰出艺术品"称号，在纽约现代艺术馆展出。

2. 包装要符合消费者的情感需求

企业产品包装的造型、色彩、图案、材质要能引起人们喜爱的情感。另外，各个民族、国家都有自己偏爱的颜色，所以我们的包装设计要投其所好，才能达到促销的目的。

3. 包装应与产品相搭配，不要出现买椟还珠的现象

不要无限度地夸大包装的设计，这样往往会消弱人们对产品的注意力，从而喧宾夺主，影响品牌的长远发展。

三、服装品牌包装设计

包装设计同销售一样，一定要假定一个活生生的虚拟目标对象来代表核心消费群。深入细致探索核心消费群的价值观和审美情趣问题之后，设计师的目标就是为这个虚拟的消费群做一个理想的包装，并且包装的设计也要围绕品牌的核心价值，这样的包装设计才有了灵魂所在。

（一）设计包装组合

服装包装有包装袋、包装盒、吊牌、产品领标、产品侧标、水洗标等，一般的产品都具有包装袋，一般内衣都具有包装盒，并且盒中还有一层包装袋。

吊牌、产品领标、产品侧标、水洗标等一般都固定在服装相应的位置。吊牌一般都是三张：主吊牌、副吊牌、合格证。合格证内容要规范，有安全类别、产品名称、颜色、建议销售价格、执行标准、成分含量等。从质地上看，吊牌的制作材料大多为纸质，也有塑料的、金属的。另外，近年还出现了用全息防伪材料制成的新型吊牌。吊牌的造型则是多种多样的，有长条形的、对折形的、圆形的、三角形的、插袋式的以及其它特殊造型的。包装袋可以分为 PE 袋、PP 袋、OPP 袋、PO 袋、环保袋、三层共挤袋等。在袋子上要印有品牌名称及广告图案，以吸引消费者的注意。

图 4－14　天星服装辅料品牌设计样稿图

图 4－15　金利来品牌设计图

(二) 包装图案设计

服装包装图案中的服装图片、文字和背景的配置，必须以吸引顾客注意力为中心，直接推销品牌。服装包装图案对顾客的刺激较之品牌名称更具体、更强烈、更有说服力，并往往伴有绩效性的购买行为。一般来说，服装包装的图案要以衬托品牌商标为主，使消费者从音标和整体包装的图案上立即能识别某企业的产品，特别是名牌产品与名牌商店，包装上醒目的商标可以立即起到招徕消费者的作用。它的设计要遵循的基本原则：

(1) 形式与内容要表里如一，具体鲜明，一看服装包装即可知晓服装本身。

(2) 要充分展示服装。这主要采取两种方式，一是用形象逼真的彩色照片表现，真实地再现服装，这在休闲服装的包装中最为流行；二是直接展示服装本身。全透明服装包装、开天窗服装包装在内衣、服饰配件中是非常流行的。

(3) 要有具体详尽的文字说明。在服装包装图案上还要有关于产品的原材料、养护等的具体说明，必要时还应配上简洁的示意图。

(4) 要强调服装形象色。不只是透明服装包装或用彩色照片充分表现服装本身的固有色，而是更多地使用体现大类服装的形象色调，使消费者产生类似信号反映一样的认知反映，快速地凭色彩确知服装包装物的内容。

服装包装图案的设计手法，则要求以简单的线条、生动的个性人物、搭配合理的色彩等给消费者留下深刻的印象。服装包装图案设计禁忌也是一个值得注意的问题。不同的国家和地区有不同的风俗习惯和价值观念，因而也就有他们自己喜爱和禁忌的图案，产品的服装包装只有适应这些，才有可能赢得当地市场的认可。服装包装图案设计禁忌可分为人物、动物、植物和几何图形禁忌几种。

（三）包装色彩设计

色彩的美是人们最容易感受的，有的市场学家甚至认为色彩是决定销售的第一要素，图案是与色彩相结合而起作用的。

有一种心理定势关于颜色与味道的关系，如日本市场学家做过一些心理测试，请消费者看着两种牌号的咖喱的产品包装盒分辨带甜味的咖喱和带辣味的咖喱，古里科牌咖喱是甜味型的，但70%的人看着它红色的包装盒认为它是带辣味的。SB金牌的甜味型咖喱的包装盒是发黄的颜色，它被大多数人认可。显然，SB金牌甜味型的企业产品包装为人们所理解，它肯定比古里科咖喱畅销。事实如此，SB金牌辣味型咖喱企业产品包装盒用的是红黑色产品包装，它在1965年左右上市时非常畅销，使其股票价格猛升，这表明红黑色设计很高明地表达了带有辣味的意思，并被消费者所理解。商品形象色并不复杂深奥，一般消费者可以极自然地了解它。

日本色彩学专家大智浩，曾对服装包装的色彩设计做过深入的研究。他在《色彩设计基础》一书中，曾对服装包装的色彩设计提出如下八点要求：

(1) 服装包装色彩能否在竞争服装中有清楚的识别性；

(2) 是否很好地象征服装内容；

(3) 色彩是否与其他设计因素和谐统一，有效地表示服装的品质与份量；

(4) 是否有服装购买阶层所接受；

(5) 是否有较高的明视度，并能对文字有很好的衬托作用；

(6) 单个服装包装的效果与多个服装包装的叠放效果如何；

(7) 色彩在不同市场、不同陈列环境是否都充满活力；

(8) 服装的色彩是否不受色彩管理与印刷的限制，效果如一。

四、绿色包装的概念

近两年，一些发达国家都制订了有关包装的法规政策，有的国家更实行“环保标志”制度，用来强化生产商、进口商和零售商等商家的环境保护意识；因此，中国的出口商在选择包装材料时，都要从环保出发，以防止自己的出口受阻，并且提高自己的产品在海外市场的竞争。

我国的服装生产量占世界第一，如此大量的产品所需要的包装数量也是非常巨大的。那么我们的服装生产者在选择包装时除了考虑到成本与设计问题，更要考虑一些环保问题。目前，全球最大零售企业沃尔玛在首次全球供应链峰会上要求所有供应商必须经由其所在地法规及社会环保标准的认证,包括减少水和能源的消耗、减少包装以及承诺开发可持续的产品等。沃尔玛将引入包装记分卡来评估包装商在减少包装浪费上的努力。在采购商品方面,沃尔玛将向低能耗商品倾斜,沃尔玛计划 200 家中国主要供应商到 2012 年能提高能效 20%。看来包装的环保要求不仅仅是在停留口号上了。那么,什么是绿色服装包装?

(一) 绿色服装包装的内涵

绿色服装包装一般应具有五个方面的内涵:一是实行服装包装减量化(Reduce)。服装包装在满足保护、方便、销售等功能的条件下,应是用量最少。二是服装包装应易于重复利用(Reuse),或易于回收再生(Recycle)。通过生产再生制品、焚烧利用热能等措施,达到再利用的目的。三是服装包装塑料废弃物可以降解腐化(Degradable),最终不形成永久垃圾,进而达到改良土壤的目的。Reduce、Reuse、Recycle 和 Degradable 即当今世界公认的发展绿色包装的 3R1D 原则。四是服装包装材料对人体和生物应无毒无害。五是服装包装制品从原材料采集、材料加工、制造产品、产品使用、废弃物回收再生,直到其最终处理的全过程均不应对人体及环境造成公害。

绿色包装发源于 1987 年联合国环境与发展委员会发表的《我们共同的未来》,到 1992 年 6 月联合国环境与发展大会通过了《里约环境与发展宣言》、《21 世纪议程》,随即在全世界范围内掀起了一个以保护生态环境为核心的绿色浪潮。“绿色包装” (Green Package)有人称其为“环境之友包装”(Environmental Friendly Package)或生态包装(Eological Package)。绿色服装包装的内容随着科技的进步,其发展还将有新的内涵。

(二) 包装的绿色标识与法规

1975 年,世界第一个绿色包装的“绿点”标识在德国问世。世界第一个绿色包装的“绿点”标识是由绿色箭头和白色箭头组成的圆形图案,上方文字由德文 DERGRNEPONKT 组成,意为“绿点”。

绿点的双色箭头表示包装(含服装包装)是绿色的,可以回收使用,符合生态平衡、环境保护的要求。1977 年,德国政府又推出“蓝天使”绿色环保标识,授予具有绿色环保特性的产品,包括服装包装。“蓝天使”标识由内环和外环构成,内环是由联合国的桂冠组成的蓝色花环,中间是蓝色小天使双臂拥抱地球状图案,表示人们拥抱地球之意。外环上方为德文循环标识,外环下方则为德国产品类别的名字。

德国使用“环境标志”后,许多国家也先后开始实行产品包装的环境标志。

如加拿大的“枫叶标志”，日本的“爱护地球”，美国的“自然友好”和证书制度，中国的“环境标志”、欧共体的“欧洲之花”，丹麦、芬兰、瑞典、挪威等北欧诸国的“白天鹅”，新加坡的“绿色标识”，新西兰的“环境选择”，葡萄牙的“生态产品”等。

1993年6月国际标准化组织成立了“环境管理技术委员会”(TC207)，制订了像质量管理那样的一套环境管理标准。迄今为止，TC207委员会已制定了一些标准(例如ISO14000)并颁发实施。美国的企业界、包装界(包括服装包装界)纷纷实施ISO14000标准，并制定了相关的“环境报告卡片”，对包装进行寿命周期评定，完善包装企业的环境管理制度。日本1994年10月成立了环境审核认证组织。欧共体1993年3月提出了《欧洲环境管理与环境审核》，并于1995年4月开始实施。我国一些企业也开始实施ISO14000系列标准，但与国外相比，还有一定差距。

1994年12月，欧共体发布《包装及包装废弃物指令》、《都柏林宣言》之后，西欧各国先后制定了相关法律法规。与欧洲相呼应，美国、加拿大，日本、新加坡、韩国、中国香港、菲律宾、巴西等国家和地区也制定了包装法律法规。

我国自1979年以来，先后颁布了《中华人民共和国环境保护法》、《固体废弃物污染防治法》、《水污染防治法》、《大气污染防治法》等4部专项法和8部资源法，30多项环保法规明文规定了包装废弃物的管理条款。1984年，国家设立环保标识制度。1998年，各省绿色包装协会成立。

(三)我国的服装包装出现的问题

对于服装包装，工业先进国家较看重服装包装的与众不同、方便和有利于环境，同时将服装包装成本、环境和市场等问题一起考虑。环保服装包装的发展主要集中在减少壁厚，使用单层薄膜和组合服装包装上，并且这样的服装包装已变得越来越普遍。经过20多年的发展后，我国服装包装行业发生了巨大的变化，但我国服装包装业的规模却与发达国家相差甚远。从综合水平看，特别是现代服装包装基础工业水平、高新科技含量方面仍与世界先进国家有较大差距。具体表现为中、高档现代服装包装材料的开发研制，花色品种、数量及产品质量水平，特别是在特种、专用功能服装包装材料的开发及其有关生产、成型加工技术成套设备的开发研制水平上，差距仍然相当明显。并且销售产品存在重复包装的现象，比如一件商品既有内部的塑料包装又有外部纸盒包装，还有最外一层的提袋包装，这繁琐的三层包装并不是出于产品保护的需要，而是用这种形式突出产品的档次，但是这却违反了绿色包装的要求，在出口中肯定会受到限制。所以我们的生产企业在关注出口产品的同时也要关注国外相关的包装标准。

(四)绿色服装包装的主要手段

那么我们如何达到绿色包装的要求,才能使我们的出口不至于在包装上受到限制,并且负起保护环境的责任?我们可以从下面几方面入手:

1. 包装选材方面

可降解塑料　我们可以看到市场上大部分的服装包装都是塑料包装,传统的塑料包装比较结实,但是不易降解,对环境影响较大,荷兰和意大利等国已立法规定某些塑料服装包装材料必须采用可降解塑料,有害环境的服装包装一律不得投放市场。目前国际上流行的"可降解新型塑料"具有废弃后自行分解消失、不污染环境的优良品质。美国研究出一种以淀粉和合成纤维为原料的塑料袋,它可在大自然中分解成水和二氧化碳。而且这种包装还可以设计得实用一些,这样消费者还可以利用这个包装其他些东西或买菜购物等。

纸　由于纸制品服装包装使用后可再次回收利用,少量废弃物在大自然环境中可以自然分解,对自然环境没有不利影响,所以世界公认纸、纸板及纸制品是绿色产品,符合环境保护的要求,对治理由于塑料造成的白色污染能起到积极的替代作用。

竹　竹服装包装具有无毒、无污染、易回收等特点。竹服装包装是指:竹胶板箱、丝捆竹板箱等。中国的竹林总面积和竹资源蓄积量分别居世界首位和第二位。具有浓郁中国传统文化气息的竹服装包装已受到欧美及日本等国的青睐,并且这种包装具有一定收藏价值。

2. 在环境标志方面向国际靠拢

ISO14000环境管理体系国际标准规定对不符合该标准的产品,任何国家都可以拒绝进口,从而使不符合标准的产品被排除在国际贸易之外。我国的环境标志制度产品种类较少,远不能满足对外贸易发展的需要,只有顺应这一国际潮流,采用积极有效的手段迎头赶上,才能从根本上保护我国的外贸利益,在典型引路的同时,普及这项标准体系。此外还应及早研究国际环境标准,可以通过行政立法程序将该国际标准转化为国家标准,在全国范围内推广使用,与该国际标准有关的国内配套法规亦应尽早制定。

3. 服装包装设计方面要突出环保内涵

设计者必须调查国际市场对环保服装包装的具体要求,例如出口国有关环保服装包装的法规,消费者环保消费观念的深度、绿色组织活动、环保服装包装发展趋势等,以便在服装包装设计时充分考虑这些因素。另外在服装包装设计中还应考虑突出环保营销的标志,这种标志不同于环境标志,可由制造商、供应商或批发商自行设计,用以表示某种商品上有特定的环境品质以取得消费者的好感,达到扩大营销的目的。

4. 回收利用

企业可与经销商联合推出一些活动重新回收所卖产品的包装，旨在让消费者爱护产品包装，促进包装的重新利用，并且能节约成本，并可把这部分成本让利于消费者，一举两得。

（五）新包装设计理念的出现

目前，为了确保自然界维持其正常运作免受人为的破坏，除了采用可重复使用的服装包装之外，服装包装设计师开始构思利用纯正天然的材质对服装包装设计进行革命化的改良，使之能融入人类生态系统的大循环之中，有利于生命系统的新陈代谢。大自然的生态系统也在不断地进行着物质和能量的循环，于是设计师们设想，如果能将人造物——服装包装纳入到大生态系统的循环过程之中，使其材质能以系统接受的方式取之于自然，又回归自然，从而可获得再利用或再生的机会；如果能以这种方式使得服装包装真正地美化我们的生活，那么不仅是设计事业的幸事，也是人类的一桩幸事。于是就服装包装而言，这种“生长”的概念、这种与环境的亲和力的理念，便成为设计师们自觉的使命，成为其进行服装包装设计时所考虑的重点。

基于这样的设想，利用易于分解的天然材质是设计师最初的选择。粗纤维的植物在加工处理之后，可以立即成为方便的服装包装。生态保护的观念虽经大力弘扬并已广为人知，但要将服装包装设计中的环保意识贯彻始终却有赖设计师、厂家以及全社会继续共同努力。绿色的服装包装设计从材料的获取到加工都与现存的渠道和生产程序截然不同，在起步阶段毫无疑问地会占据更多的资金，提高产品的成本，使企业面临一定的风险。但从长远的观点来看，中国的服装企业全面推广环保包装，其意义不仅仅是减少环境污染问题，而且也是企业走向国际市场的通行证。谁拥有易于回收的包装，谁就可能抢占市场，谁的包装上没有回收标志或包装环保标志，谁就难以进入世界市场。随着环保意识在整个社会中的提高并逐步成为公众日常生活和消费行为的一部分，绿色服装及其服装包装无疑将对企业的发展起到积极的促进作用，因为企业的生命就在于投合公众的消费行为和欲望。在凝聚着希望与成功的路途上，环保的服装包装设计可谓任重而道远。

【课后思考题】

品牌的视觉识别元素是否是品牌形象的全部？举例说明。

第五章　品牌形象贯穿企业内外

第一节　品牌形象

一、什么是品牌形象

品牌形象是指消费者基于能接触到的品牌信息，经过自己的选择与加工，在大脑中形成的有关品牌的印象总和。

我们在上面的章节中讲到关于品牌形象的视觉识别元素，有的人认为品牌形象等同于品牌识别，实际上这种认识是错误的，并导致人们不注重企业的实体而只注重品牌的外部包装。实际上品牌形象与品牌识别既有区别，又有联系，二者的区别在于品牌识别是品牌塑造者希望人们如何看待品牌而人为地为品牌加上许多可见的实体，而品牌形象是现实中消费者通过品牌的一些信息从而对品牌产生的一些看法与印象；二者的联系在于品牌识别是品牌形象形成的部分来源，而品牌形象在企业对外宣传、营销及执行品牌识别与企业文化对外渗透的结果。

品牌形象的一部分就是企业根据市场需求与品牌发展策略而刻意营造的一种具有专属性和针对性的品牌氛围和感觉，是企业与消费者之间精神沟通的纽带。品牌形象是多维的，是对品牌内涵全方位的发散。标识只是品牌形象中的一个符号，是强化认知和记忆的手段。消费者认知品牌的元素还有关于品牌的品质、服务、档次、环境，甚至关于品牌管理者的一些作为等。

二、对于品牌形象认识的发展

随着人们对品牌认识的深入，人们也在不断调整自己关于品牌形象的认识。人们对品牌形象的认识刚开始是基于影响品牌形象的各种表面因素，如品牌属性、名称、包装、价格、声誉等。以下是一些关于品牌形象的理论：

利维认为，品牌形象是关于品牌的各要素的图像及概念的集合体，主要是品牌知识及人们对品牌的主要态度。Levy 对品牌形象的定义是从消费者心理的角度进行的分析，说出了品牌形象的认知者。

罗诺兹和刚特曼从品牌策略的角度提出，品牌形象是在竞争中的一种产品或服务差异化的含义的联想的集合。他们还列举了品牌形象操作的策略性途径：产品认知、情感或印象，信任度、态度、形象个性等。

斯兹提出，品牌应像人一样具有个性形象，这个个性形象不是单独由品牌产品的实质性内容确定的，还应该包括其他一些内容。至此，对品牌形象的认识进入到品牌的个性层次。

帕克等人提出，品牌形象产生于营销者对品牌管理的理念中，品牌形象是一种品牌管理的方法。他们认为任何产品或服务都在理论上可以用功能的、符号的或经验的要素来表达形象。

亚克在 1991 年又把品牌形象与品牌的资产与负债联系起来，他认为通过符号，名称可以附加或减除。

品牌形象是一个综合性的概念，是营销活动渴望建立的，受形象感知主体主观感受及感知方式、感知前景等影响，而在心理上形成的一个联想性的集合体，品牌形象是一种资产，品牌形象应具有独特个性。

三、品牌形象的构成内容

良好的品牌形象是企业在市场竞争中的有力武器，深深地吸引着消费者。品牌形象内容主要由两方面构成：

（一）有形的内容

这是与品牌产品或服务相联系的特征。从消费和用户角度讲，产品或服务的形象从硬性表现为价格、质量、功能等。品牌形象的这一有形内容是最基本的，是生成形象的基础。品牌形象的有形内容把产品或服务提供给消费者的功能性满足与品牌形象紧紧联系起来，使人们一接触品牌，便可以马上将其功能性特征与品牌形象有机结合起来，形成感性的认识。除了这些有形的内容还包括品牌的商标、标识、包装等，这些是根据品牌的核心价值而为品牌量身定做的。

1. 品质形象是品牌形象的基础

建立品质形象并不简单到只是提高一下产品的质量，关键是自身的质量标准，不是被动地遵循行业标准，应该逐渐成为标准制定者，例如，LV 包给人的感觉是质量保证与经久耐用的象征。而 ZARA 确实追求时尚但是质量一般。

2. 价格形象

品质形象和品牌形象是价格形象的基础。但是另一方面价格高低并不能反映品牌的好坏,价格高低是针对同一个行业而言,以成本定价者太保守,以利润定价则太感性,以“品质/价格”和“品牌/价格”定价更适合维护品牌形象。不要因为短期的经营目标就随便使用价格策略,因为频繁的价格波动会损害整个行业的利益,更会影响品牌在消费者心目中的形象。

3. 销售形象

服装品牌的销售离不开店铺,店铺销售是互联网出现之前产品的主要销售形式,目前互联网在产品销售上虽呈上升趋势,但是店铺销售仍然是目前主要的销售形式。服装零售企业若想吸引消费者进店购物,仅仅依靠商品、价格、促销等手段越来越难达到目的,如何给消费者创造一个舒适、优雅、干净的购物环境成为服装品牌经营者的另一个制胜的法宝。人们越来越意识到店铺形象影响到了品牌的形象,同时影响了消费者的消费心情,国外一些大的时装销售店通常采用视觉营销手段来打造一种独特的吸引人的购物氛围,他们往往对橱窗陈列、货物陈列、室内设计布局、灯光、音乐等条件进行精心设计,例如橱窗设计的好坏往往会使行人决定是否驻足欣赏或进店观看一番,有的公司在设计橱窗时并不是把商品简单地摆放在橱窗里,而是会按照一定的原则让商品成为销售形象中的角色,这样才能够给人留下深刻的印象。我国的许多服装品牌在服装销售方面只注重推广形象,一些加盟店对销售形象疏于管理,从而使个别终端背离品牌整体形象,造成消费者对品牌印象良莠不齐,从而影响了品牌的发展。

案例:ZARA 的店铺形象

ZARA 北京世贸天阶店明亮的灯光照明,醒目的品牌 ZARA Logo,巨型的宣传海报第一时间就能吸引顾客的眼球。ZARA 北京专卖店面积有 1 500 平方米,分为上、下两层,一层为临街底商,可由街道直接进入店铺,同时在世贸天阶购物中心内开设 3 个入口,分别进入一层的女装区和二层的男装、童装区。ZARA 有很多的行业之最。比如,最快的前导速度——13 天;最多的服装款——12 000 款/年;最长的地下物流传送带——西班牙总部地下铺设的物流传送带长达 200 公里;以及最奢侈的配送——空运投放新款产品;……今天我们要分析的,是 ZARA 的另一个世界之最—最快的陈列反应速度!有时尚媒体这样评价:ZARA 的橱窗,比大牌时尚杂志的潮流版面更能预告时尚的趋势。很多时装编辑都来不及捕捉和采编的新款时装,ZARA 往往能提前一段时间通过橱窗公布于世。原因很简单:ZARA 拥有 200 多个时装设计师，遍布主要的时尚城市，随时采集时尚情报，研发最流行的时装款式，与时尚媒体的时装编辑相比，她们的队伍更庞大，时装功力更专业，而且拥有最直接的传播途径——全世界 3 100 家 ZARA 店铺的橱窗！ZARA 快速的终端陈列反馈速度和强大的设计实力，是保证 ZARA 橱窗能够像媒体时尚封面一样，快速引领世界时装潮流的实质保证。刚刚在巴黎、米兰时装周上走下天桥的时装精品，来不及经过时装编辑的润色和加工，就被 ZARA 全球 200 多个设计师研发成为大众能够接受的时装消费品，经过最快速的终端陈列反馈，在 ZARA 店铺里第一时间出现在消费者的面前。

陈列设计在 ZARA 的店铺里，朴素化为其最基本的功能和目的：维护品牌形象与便于销售。功能兼顾审美层面的陈列，视觉传达服装最佳的穿着状态，商品陈列的合理规划与配置，便于商品管理并促进销售。ZARA 的橱窗模特视觉效果不亚于真实的时装女郎，模特造型和视线照顾各个方向走来的顾客，穿着的服饰是时装新款，提供流行指导。框架和帘幕模仿更衣室的结构，三面的拉帘高度经过精心设计，在通透的空间中，结合层次分明的灯光制造出奇幻的视觉享受。不同角度的灯位的配合，白色沙发，柔软的靠垫，精致的高跟鞋，展示出快节奏生活中都市女性的奢华品位。帘幕半开显示神秘感和着装的动态感。牛仔系列无疑是男装休闲区域的陈列重点，创意跟冒险随性排列出个性的色彩组合。

ZARA 的独立专卖店一般选择商厦的临街底商位置，大面积的建筑外壁面通过设计形成鲜明的品牌形象。巨大的店铺外观在人流量大的繁华街区就是天然的广告牌。几乎每两周（甚至每周）ZARA 的店铺里都会出现新款货品，款多量少的多频率上市特点，使得消费者年平均光顾店铺的次数达到了 17 次，而行业平均水平为 3～4 次。作为第一视觉传递店铺商品信息的橱窗，每年的工作量有多么惊人，可想而知。如同出色前导时间一样，ZARA 的橱窗模特搭配推荐款更换也非常频繁。在橱窗情景、道具不变的情况下，模特展示的服装要根据上市新款的情况随时更新。ZARA 的陈列执行依赖于出色的管理，其中有效的培训使店铺人员可以机动地处理新款上市的陈列配合问题，完善的手册指导使执行人员有法可依。

ZARA 内部的商品布局陈列量贩式的，更像一个服装超市，内场的模特数量很小，所以最重要的模特出样的任务主要体现在橱窗里。专门的陈列设计人员对橱窗的设计调整是要亲力亲为的，内场的货品陈列则通过培训和督导来间接完成。模特的姿态和造型各具特色，都很真实自然。略有淑女风格的时尚套装因为红色的加入而充满活力，并构成色彩关联。吧台、沙发、糖果和酒杯，细致的道具增加了情境的真实感。十一27 摄氏度的概念强调无论零上高温或者零下低温，局部区域照明都凸显出鲜活的人物形象。极富亲和力的生活场景式橱窗布置，使生活方式表现更加突出。生活情趣的个性道具组合使每组模特相对独立又统一在整体的愉快氛围中。橱窗的条纹地面，与背景的店铺场景图结合，制造出很好的空间感跟生活气息。运用射灯的局部照明使模特更加立体生动。色彩使用高明度的色系为基调，黄色与牛仔作衔接过渡，诠释出俏皮活泼的主题。

ZARA 的产品虽然价格适中，但是在亚洲等发展中国家市场中，顾客群仍然是比较高端的群体。能够为孩子购买 ZARA 系列童装的家庭，经济实力会比较雄厚。生活方式的表现可以得到目标顾客的认同和共鸣，塑造共同的交流空间。模特的姿态和造型各具特色，都很真实自然。略有淑女风格的时尚套装因为红色的加入而充满活力，并构成色彩关联。吧台、沙发、糖果和酒杯，细致的道具增加了情境的真实感。十一27 摄氏度的概念强调无论零上高温或者零下低温，ZARA 时装都可以成为女孩们的最佳着装伙伴。局部区域照明凸显出鲜活的人物形象。(http://bbs.hicosmo.com)

4. 宣传形象

品牌在对外宣传过程中也会给消费者一定的印象，服装品牌的宣传途径很多，例如广告、展销会、时装发布会等等。如何设计宣传活动，对于品牌的形象的形成及其重要。例如时装发布会是服装品牌发布新的作品和展示品牌形象的重要途径。模特、场景以及舞台布局往往是设计师为营造特殊效果创造联想空间的载体，在迪奥 60 周年的时装展上，迪奥高级华丽的时装又一次得到了很好的诠释。迪奥始终延续着法国高级女装的传统，迎合上流社会的成熟女性，象征着法国时装文化。此次展示会选在凡尔赛宫，场景布置丰富，T台设计独特，其周围有各种雕塑的衬托，所有的装饰让整个发布会现场变得雄伟壮观，再加上凡尔赛原有的气势恰恰映衬出迪奥服装的华贵。整场发布会以佛朗明哥音乐为背景，将迪奥的设计理念表现得淋漓尽致，使得服装显得更加优美、高贵。模特的浓妆与服装也融为一体，整个时装的设计既是回忆时装大师迪奥，又表现了迪奥时装一贯的设计风格及形象。

（二）无形的内容

品牌形象的无形内容主要指品牌的独特魅力，包括品牌拥有者的形象、通路形象与使用者的形象以及来源国。这些因素虽然是有意或无意赋予品牌的，但是都能为消费者感知。品牌拥有者的形象有科技能力、企业规模、资产状况、服务状况、人员素质等。“使用者”主要是指产品或服务的消费群体，通过使用者的形象，反映品牌形象。

1. 通路形象

完整的销售通路是中间行销加上终端行销。通路的形象必须建立在从企业到消费者之间的一切通路的基础上，我们要根据自己的品牌定位建立自己的营销渠道。销售渠道首先是为了维护自己的品牌形象，其次是为了最大限度地销售产品。这样才是品牌建设的长远发展策略。在20世纪60年代，“索尼”电视进入美国市场的时候，起初在寄卖店里销售，于是美国消费者称之为“瘪三”产品。后来索尼公司认识到这是一种错误，下大气力把产品从寄卖店里收回，摆到了大名鼎鼎的马希里尔百货公司的货架上，于是消费者纷纷购买。“索尼”品牌从那一时刻才真正开始有了起色。西班牙品牌ZARA总是坐落在城市人流量最大的中心位置，比如纽约的第五大道，巴黎老佛爷百货的旁边，上海名牌林立的南京西路。而且ZARA特别注重店铺设计、橱窗设计和室内装饰及货品色系的陈列。

案例：范思哲关闭了3家在日本的店铺

意大利奢侈品牌范思哲关闭了3家在日本的店铺，而日本一向是奢侈品牌的明星市场。据范思哲官方表示，关掉这3家店铺是为了品牌战略的考虑，会在2010年另外选址重新开张。

范思哲集团表示新任首席执行官Glanglacomo Ferraris给范思哲带来了全新的品牌战略与形象指导。据意大利媒体报道，由于世界经济危机的问题给范思哲的销售带来了不小的冲击，而前任首席执行官Giancarlo Di Risio的辞职还跟他与该公司创意总监加品牌家族继承人Donatella Versace存在的冲突有关，Giancarlo Di Risio认为Donatella Versace的生活方式过于铺张。

至于3家日本店铺的关闭，范思哲集团认为这些店铺不再符合该品牌形象，所以集团更倾向于把它们关闭并寻找更合适的地点开新店或者选择其它更有利的销售方式。

位于东京、大阪、千叶的这3家店已经于7月份和9月份陆续关闭，范思哲表示2010年他们还会重开不止一家的新店。（http://www.efu.com.cn）

2. 来源国

来源国是指品牌的“国籍”，在目前经济全球化的形势下，这个因素也在影响着品牌的形象。人们在研究中发现对不同国家的品牌，消费者的评价是不一样的，这一现象被称为“来源国效应”。例如，人们提起意大利与法国的时装品牌，第一个印象就是时尚感强，而且品质很高。而美国的服装就是一般的大众化品牌。最早对来源国效应进行研究的是Schooler，他对中美洲消费者的研究发现，来自经济发达国家的产品比来自较不发达国家的产品更受欢迎。该研究还发现，在美国消费者心目中，来自西德的产品显著优于印度以及其他西欧国家的产品，东欧的产品最差，来自美国的产品则优于西欧及印度。后来又有大量的研究都证实了来源国效应的普遍存在。一个国家的经济发展程度越高，消费者对该国的产品评价就会越好。特别是对于像服装这种科技含量低、行业门槛低的门类，受到“来源国效应”的影响更大。甚至我们本国的消费者也不例外，这就是我们经常提到的在我们国家消费者往往会“崇洋媚外”，从而也促使许多国内的服装品牌起一个外文名字或者假称是外国品牌，以此提升自己的品牌形象。

第二节　企业内部员工如何提升品牌形象

在前面几节中我们介绍了与品牌形象有关的一些因素——品牌名称、品牌标识、品牌包装、品牌个性的设计与塑造，这些元素都要围绕品牌核心价值与品牌定位来进行。品牌塑造在某种程度上一直是品牌经理或专业品牌咨询机构的工作内容，但是对于企业的其他部门来说，品牌塑造好像与他们完全无关。但是经过长期的研究与发展，人们发现品牌被消费者感知不仅通过顾客能够接收些什么，而且也要通过他们怎么接收。品牌是否能长久发展也关系到公司整体员工的价值观是否符合企业的整体文化。于是品牌形象除了与名称、标识、包装等这些因素有关之外，还与其他的一些因素有关，这些因素就是企业如何使组织成员协调行动，这样才能保证他们履行对消费者的承诺。只有把这些因素都考虑进去，我们才能向消费者传播一个整体和谐的品牌形象。下面我们介绍一下这几个因素：

一、企业愿景与品牌形象

韩中和教授在《品牌国际化战略》一书中指出：“公司愿景对品牌的本质或品牌认同产生决定性的作用。一个明确的公司愿景，直接影响到企业的核心价值观与企业文化，基本上也规定了品牌的性格。强有力的品牌形象正是在整合了愿景、企业文化与公司形象的基础上建立起来的。”

何谓企业愿景？是指企业的长期愿望，组织发展的蓝图，体现组织永恒的追求。这也体现了企业的经营者的思想认识及要孜孜不倦实现的目标。例如，20 世纪 50 年代初期，巴黎时装只为少数贵族服务，有些设计师甚至感觉他的作品如果大众化就是对他的亵渎。而皮尔·卡丹却认为这是个陈旧的观念，他的目标就是让时装成为大众的东西，这也是他的愿景，所以他毅然提出“成衣大众化”的口号，设计的服装也偏重一般消费者的需求，并且选用中等面料，他把设计的服装卖给其他公司进行大量复制，并以中产阶级买得起的价格出售。这使得皮尔·卡丹的品牌形象非常平易近人，而且他的专卖店面向所有消费者。所以我们看到企业愿景将影响企业的一系列行为。愿景是战略与文化的交集,它是企业长远战略的指导方向。它将指导企业产品开发、销售政策、宣传政策、品牌塑造等,而消费者是通过品牌形象来感知企业愿景的。

企业的愿景不只专属于企业负责人所有,企业内部每位成员都应参与构思制订愿景与沟通共识,通过制订愿景的过程,可使得愿景更有价值,企业更有竞争力。并且企业愿景将指导企业进行品牌建设,从而体现在品牌形象上,并被消费者所感知。从这里看我们的企业愿景并不是企业自已的事,它会通过品牌形象而被消费者所了解,从而加深或消弱品牌在消费者心目中已建立的现象。

二、员工在塑造品牌中的作用

(一) 品牌建设有赖于企业内外整体的工作来完成

品牌管理的新模式是企业能够协调所有增值行动去体现完整统一的品牌形象。这种观点使得公司招聘职员不再仅仅是强调他们的文凭、毕业院校、技术、知识,还要根据他们的价值观是否与企业文化相一致,这就是为什么面试的题会有一些偏题怪题。他们是想在应聘者的答案中获得一些人生观价值观的信息,从而判断这些信息是否与公司的文化一致。当一个新员工进入优秀品牌的公司会发现,他们每个部门的职员都有某种一致性,并且整个氛围非常和谐。这种文化氛围构成了企业整体文化的一部分,而且对品牌文化是一种促进作用。这种文化会随着员工及媒体向外渗透,并被消费者所感知,从而对品牌起到一种提升的作用。

(二) 员工在塑造品牌中的作用

品牌管理不是某一个人或者某一个职能部门的工作,而是整个公司各部门的重要工作。公司要实现它对消费者的承诺,员工也起到一定的作用,员工必须根据塑造公司整体品牌的原则采取行动,在品牌塑造的整个过程中他们的工作能成为其中有效的一个过程。例如:一个零售服装品牌,顾客首先从服装店的整体素质体验到品牌的一些信息,然后可以从方方面面体验到品牌的真实信息。前面已经说到如果品牌不能与消费者传递交流真实的信息,那么品牌营销做得再好也只能起到短期的效果。而且公司的言行不一,应该首先被员工体会到,如果一旦公司让员工感觉到他们是只谈概念,而不去实行,或者在一些事情上欺骗消费者,那么员工也会失去对公司的信任。例如,如果我们在外面听到某公司的员工在暴露他们公司生产内幕,然后提醒你不要使用他们公司的产品,那么这个公司肯定生存不了太长的时间。斯堪的纳维亚航空公司(SAS)总裁简·卡尔森将公司普通员工与顾客的接触称为“严重的考验”。他说：“斯堪的纳维亚航空公司每年有 1 000 万乘客，平均每个乘客要与 5 个公司雇员接触。因此，航空公司的形象便是 1 000 万乘 5 的结果，也就是说，它每年要经历 5 000 万次‘严重的考验’。这 5 000 万次独特的、永远不会重复的机会，正是使我们自己以一种难忘的方式表现与我们的每一个竞争者的不同的机会。我的工作就是设法在这 5 000 万次严重考验中不出差错！”企业的价值和声誉靠服务人员和工作在第一线的经理们支撑。客户给企业打第一个电话，首先接触的是接线员；客户第一次登门拜访，最先见到的可能是清洁人员，他们都在创造着企业的形象。若是企业在跟客户接触的每一个点上都给客户留下很深的印象的话，向客户推销产品或服务将会成为轻而易举之事。

服装品牌在传播的过程中还需要一群特别的人员——模特参与，有人认为模特只是“衣服架子”，她们只能在 T 台上通过简单的动作展现服装的款式，她们对于服装品牌的塑造作用不大，但是从国外的时装品牌发展来看，实际上模特在品牌塑造中的作用重大，观众往往是通过模特的综合表现来感受品牌的价值所在。例如，维多利亚的秘密中涉及了许多关于模特的生活、感受等场景，通过对模特的采访，让观众感受模特积极、乐观的生活态度，同时也感受到了她们在与维多利亚内衣品牌合作中的乐趣、自信，仿佛此品牌决定了她们热爱生活的态度，从而在侧面加深了对于此品牌的理解。并且维多利亚的秘密中的模特们都面容自然、妩媚，脸庞红润，恰恰展现了此品牌内衣的优雅、热情、挑逗之美。另一个品牌范思哲在模特使用上也是一个典范。在范思哲之前，世界时装业只是由时装公司临时雇用一些模特儿参加表演，并没有靠时装业本身造就的超级模特儿。巧用模特儿是范思哲时装艺术的一种创作手法。范思哲把世界上那些个子最高、最漂亮的女模特儿召集起来经过培养，让这些模特儿发挥出无穷潜力，同时也推动了范思哲的服装走向世界。

（三）如何让员工融入品牌建设中

品牌建设往往被看成是管理人员的事情，其他员工只要做好自己的工作，拿到工资就可，实际上这是品牌建设的一个误区，我们已经说到如果员工不了解品牌的核心价值，他们的一些行为可能会影响品牌的建设。所以要加强对员工品牌意识的培养，在企业员工内部树立起品牌意识。

许多企业对于员工的要求只是做好本职工作，约束的手段就是规章制度，而公司的发展战略与品牌的发展根本不会向员工提及，而国际上一些知名企业都有一个构思良好的远景规划和员工一起分享。例如宝洁在公司文化中注入“对卓越产品的关注”并不是仅仅作为获取成功的战略，而是近乎一种宗教信条，这一价值观在宝洁人中传递了 150 年之久，开发和生产一流的产品成为宝洁公司和员工的生存之本。并且公司一直提倡诚实正直，诚实正直意味着公司内外都按承诺办事，言而有信。高质量的产品和服务要求绝对的诚实正直，提供一种优质产品或优质服务不只是一种“严格按规格说明书办事”的行动。宝洁公司的客户业务发展与服务副总监陈东锋先生阐释宝洁公司的核心价值观时指出，宝洁核心价值观就是宝洁人、领导才能、主人翁精神、诚实正直、积极求胜和信任。宝洁公司坚信的所有员工始终是公司最为宝贵的财富，是核心价值观的核心。宝洁公司的原则是尊重每一位员工，公司与个人的利益休戚相关。有策略地着眼于工作，创新是成功的基石，宝洁重视公司外部环境的变化和发展，珍视个人的专长，力求做到互相依靠、互相支持的生活方式。宝洁的核心价值观原则在其全球的任何一个分公司都是一样的。这样的企业文化吸引和造就了一批持同样价值观的优秀人才全身心地为这家公司工作，而且还吸引着更多的人才申请加入这家公司。公司现有的员工工作开心，人才流失率远低于同类型企业。那些做实际工作的、生产产品的、销售产品的、维修产品的人及其他类似的人其实也是企业品牌建设的重要成员。要让他们充分了解品牌核心价值，并能够在工作中贯彻品牌的核心价值，自觉维护品牌形象，其次在涉及到员工切身利益的时候，要站在公司品牌的高度处理问题，让员工感觉到企业良好的品牌魅力并感觉到树立品牌的责任感。企业光靠制度约束员工是没有用的，因为顾客能够看穿那些只是嘴皮上服务于品牌价值的员工，这些员工实际上只是扮演着某种角色而已。顾客喜欢与信赖自己的品牌并致力于宣传它的职员打交道。当员工理解并认知品牌价值时，那么他们会自觉地进行维护品牌的工作。

潜移默化的文化氛围，长期积累的文化底蕴，以人为本的人文关怀，能够使员工形成与核心价值理念相一致的集体行为。据此有专家称，衡量企业凝聚力大小的标准是，集体行为的统一程度、运作强度、持续韧度。实践证明，那些成功企业的文化建设之所以能够成为推动企业发展的动力，一个重要原因就在于企业文化有广泛的群众基础，能够使企业价值观深植于员工的内心，变成员工的行为和岗位实践。特别是拥有强大集体行为的企业，实现目标的力度越大，就越需要统一的核心价值观规范员工的行为，使个人行为与企业行为统一起来，变制度规范为行为规范，变外在约束为内在约束，变多元文化为一元文化。科龙集团曾专门实施“万龙耕心”工程，统一员工行为方式。因此，要从加强企业文化管理入手，在全员共同认知和实践核心价值观上下功夫，形成符合企业价值观要求的员工共同的“做事方式”，营造适应经济、社会发展要求、顾客需求的企业运行环境。

又比如，海尔注重企业价值观的活动化和案例化，开展“来自员工的画与话”活动，鼓励员工在业余时间里动脑子去画漫画，以漫画的形式，来诠释海尔理念，体现了海尔员工对企业价值观的认同。同时，注意用案例促进员工观念的转变，如通过砸冰箱事件，建立起了全新的质量意识；通过“范萍事件”引发了海尔管理观念大转变；通过海尔文化激活“休克鱼”，达到了企业经营新境界。这种别开生面的员工自我教育活动，使海尔员工自觉实践海尔价值观成为一种习惯。

对于服装企业这方面还很欠缺，而且我国的服装企业被公认为劳动强度高但是工资却很低的行业，这种现状甚至被外国人指责，认为是“血汗工厂”。但是随着时代的发展，中国的服装行业将会不断进步，属于自己的服装品牌文化将逐步形成，这种状况也将逐步得到更大的改善。

三、企业外部人员对于品牌形象的促进作用

这里所说的企业外部人员指的是供应商、企业合作伙伴、媒体及顾客。企业要积极地通过外部人员来体验和宣传品牌形象。例如，雅诗兰黛每开设一处销售场所都要请当地的编辑与记者（其中大部分为女性）在一起，体验产品和讨论品牌文化，因为她认为如果她们对化妆品感兴趣，她们会自然不遗余力地进行宣传。外界人对于品牌形象的传播更具有说服力。例如范思哲就善于利用他的演艺界名人顾客，一旦这些名人穿上范思哲的服装参加奥斯卡的颁奖仪式，电视台把各大明星的形象向全世界一转播，范思哲的作品自然就传向了世界。史泰龙长得壮硕结实，身高与肩宽比例有些不对称，范思哲便为他设计了两套服装，一套深蓝色的西服加上牙白色的衬衣，把两肩过宽的缺陷掩饰下去，使得史泰龙的身体挺拔许多，至今这两套服装仍然受到时装界的推崇。

只有通过企业从内到外一致围绕品牌的核心价值进行运营，才能实现品牌在消费者心目中的良好形象。

案例：利郎视人才培养为最佳投资方式

2007年2月份，利郎公司组织近百名“高管”到清华大学培训，这在国内民营企业中尚属首次，引起了社会各界的广泛关注。日前，利郎再一次把全国优秀经销商组织到清华大学培训。利郎总裁王良星表示，这样的培训以后要经常化、规范化，把利郎最基层的优秀售货员都要送入高等学府深造。

据了解，这次利郎总裁班将耗费150万元。利郎总裁王良星说，利郎要发展，人才非常关键。除了高级管理人才，经销商、供货商对利郎的发展也非常关键，只有整个团队的素质共同提高了，才能更协调发展。中国服装产业的发展前景很好。到2010年，中国中产阶级的人口将达到1亿多。作为定位于商务休闲的品牌，利郎将面临巨大的机遇和挑战。但机会只送给有准备的人，利郎现在正在做这样的准备。

10年前的利郎只靠几个人就能运作起来，但利郎发展到今天必须靠整个团队共同努力才能成功。对于再次举办清华利郎班，王良星的出发点很明确。“一个品牌要成长壮大，如果经销商和供应商跟不上公司发展步伐的话，要做成世界品牌就是一句空话。”王良星说，只有经销商和供应商提升了、赚钱了，利郎才能赚到钱。这次组织经销商和供应商到清华培训，就是要从人生价值和经营理念上提升利郎人的素质，只有整个团队提高了，才能保持利郎的发展后劲。接下来，我们准备把全国各地利郎专卖店的优秀店长也送到清华来深造，让他们不断成长。利郎不仅要让经销商和供货商赚到钱，还要让他们的人生价值得到充分体现。

王良星说，人才培养也是投资，目前利郎正在实行战略转移，接下来利郎要从广告投入和硬件投入中安排一大部分资金用于人才培养。虽然组织到清华来培训要花上百万元，但只要他们把学到的东西用到经营管理中，利郎将得到几十倍甚至上百倍的回报，这种投资非常划得来。现在我们正在打算办一所清华大学利郎职业学院，为更多的利郎职工提供终身学习的平台。让利郎人走到任何地方都受人尊重、令人佩服，这是我的梦想。

王良星指出，利郎要实现国际化的梦想，必须要有高层次的人才。利郎的高速发展必须要有大量优秀人才加盟，除了网罗香港、台湾、意大利等地的优秀服装界英才，我们还将自主培养，让优秀的员工在利郎成长起来。

目前，利郎已经和意大利、韩国等开展了人才培养合作计划。过几天，利郎的设计团队又将到韩国交流，及时把握最新的时尚信息；下半年，利郎还将组织专卖店店长到香港培训。

作为民营企业，利郎公司实施的人才战略受到了国内专家学者的关注。清华大学继续教育学院副院长吴庚生认为，利郎在人才战略上表现出了远见卓识，企业发展到一定程度后，必须要依靠团队的力量。利郎在这方面又远远地走在了中国民营企业的前面。

“利郎与清华大学在人才培养上的合作模式开创了晋江民营企业的先河，给晋江企业在人力资源开发上提供了宝贵的经验。”晋江市人事局副局长苏延辉说，利郎人受到清华的感染，必将带着清华的文化精神走向利郎的全国市场，为利郎的再次腾飞贡献力量。(http://fashion.ef360.com)

案例讨论：利郎的人才培养方案对于品牌形象有哪些促进作用？

案例：服装终端形象店 T100 品牌传播“新”途径

科学选址打造永不消失的广告牌

意大利某顶级时尚品牌的总裁在上海为新店铺选址时说“对时尚品牌而

言,任何一种宣传方式,都比不上开设自己的专卖店或旗舰店”这句话开门见山地道破了店面对于品牌宣传的重要作用。这样的理念在T100也同样得到了彻底的贯彻,“没有好的选址,我们宁可推迟开店”,这是T100总经理兼设计总监董文梅对于选址的苛刻要求。在T100品牌成立之初,就直接切入高端童装市场,首家形象店就开进了广州白云机场,并且经过5年的发展,到目前,T100已经在中国前十大机场都开设了形象店。同时董文梅还认为T100开店选址的第一要旨是对客流量的把握和控制,因为这直接关系到店面的业绩,同时客流的质量比其数量更为重要。因此T100将目光聚焦于有消费能力的目标消费群体,而机场无疑是目标消费群经常光顾的一个场所。

在店中店和专柜的选址过程中,T100也有着自己的标准:该商场入驻了哪些品牌?销量如何?董文梅说:“入驻商场时,最好选择与竞品比肩而居。”这个标准在T100在天河城百货专柜以及正佳广场三楼形象店的选址上表现得最为突出。在T100天河城百货专柜,笔者发现T100时尚亲子童装与迪斯尼、梦特娇、阿迪达斯等国际大品牌童装品牌作“亲密邻居”,而正佳广场无疑也是各大国际、国内品牌扎堆的地方。

“客流数量带人气,客流质量带销量”。如今,在全国前十大的机场和各个大中城市最高档的商场、商业街,都会有T100形象店的身影,在这些有客流数量、有客流质量的地方,T100形象店就是一块“永不消失”的广告牌,无时无刻地向目标消费群传达T100“时尚、亲情、温馨”的品牌形象。

体验式终端传达品牌理念

一个构建完整的品牌视觉体系可达到吸引眼球、激发兴趣、传播品牌文化等功效。而作为国内首创时尚亲子装的T100,从一开始就十分注重视觉形象的塑造。目前,T100以建设100平方米以上的大店为主,大气、宽敞的店面让顾客在购物过程中视野开阔,心情舒畅,有如走在时尚T台的感觉。T100专卖店为客户提供优秀产品的同时也向消费者提供了一种购物体验,消费者在拥有了产品的使用属性的同时也获得了T100品牌所传达的“时尚、和谐”的全新生活方式。

橱窗:第一体验

对于服装店而言,橱窗就相当于一个人的脸面。店铺的服装好看不好看,看一个店面的橱窗就完全可以看出来。所以,橱窗对于一个服装店铺的作用而言是很重要的。T100的橱窗以家庭场景的形式展示,一般情况下会有成模、女模、童模,这样的展示能够让顾客在第一时间里感受到T100品牌的“亲子装”概念。同时橱窗的展示还以季节为主题而不断更换,如:夏季会出现一家人野营的场景,冬季则会有滑雪的场景等。并且橱窗展示的不同模特所穿服装会以某一个系列元素贯穿,以达到风格上的统一。

产品区:体验无声的导购

据统计,店面如能正确运用商品的配置和陈列技术,销售额可以在原有基础上提高10%以上。货品的陈列和布置是一个店铺形象高低的直接写照,是一种无声的语言。好的陈列布置可以吸引更多的顾客光顾店铺,增加顾客在店铺内的滞留时间,增大生意成交的机会。T100的货品陈列不仅数量丰富、陈列错落有致,而且还根据不同的服装风格分为可爱区、酷感区、亲子区、牛仔区和英伦学院区五个不同类型的区域,满足不同客户的需求。可爱区的服装以展示孩子天真、可爱天性的风格为主,色系上以粉红、红色为主;酷感区的衣服以多变的图案、冲击的色彩、随意的搭配的风格为主,处处透露出“酷帅”本性;而牛仔区则以休闲的衣服款式为主,干净利落中透出几分粗犷和帅气;英伦学院区的服装体现“简洁、清新”的学院风格;亲子区域,作为国内首创时尚亲子装的品牌,亲子装的展示也自然格外招人注目,孩子、父母的服装看起来似乎同出一辙,而细心观察下能发现在袖子、衣领等地方有所不同,风格一致而又“和而不同”。五大区域有五种截然不同的风格,顾客选购时一目了然。

儿童游戏区则是每一个随父母来T100买衣服的孩子最喜欢去的地方,因为里边提供了很多好玩的玩具,如跷跷板等。具有好动天性的孩子们试衣累了,那就让他(她)去玩玩吧,适合他(她)玩的玩具应有尽有,不仅如此,还能在游戏中交到好多朋友,锻炼社交能力。作为中国时尚亲子装的首创者,T100专卖店不仅能够为孩子们提供时尚、安全的服装,还能为孩子们创造更多的快乐,这一举措和麦当劳在店内设置儿童玩具有异曲同工的妙处。

商店如同剧场的舞台,店员的任务就是要创造这样一个舞台,让顾客在店铺里不是像观赏戏剧那样被动,而是能体会到自己想要的那种感受。T100VIP贵宾区则就是这么一个区域,VIP贵宾区是专门针对尊贵的VIP会员开放的场所,里边不仅摆放了供VIP会员休息的松软沙发,还设有咖啡茶座,人文书籍等等。躺在舒适的沙发上,品尝着醇香的咖啡,欣赏着恬静的音乐,翻看各种时尚书籍,欣赏液晶电视里播放的T100时尚资讯……,当顾客在T100VIP会客厅内品味T100专卖店氛围的同时,也对T100的品牌内涵有了更深的领悟,这绝对是最惬意的享受。

亲子试衣间:意想不到的惊喜

服装店用以吸引顾客的豪华装修,是时下不少商家不惜用重金打造的一项工程。然而,即使是富丽堂皇的服装店,往往都在一个细节上出现了败笔——试衣间。T100连试衣间也布置得别具匠心,与其他店狭小的试衣间不同,这里的试衣间有其他店试衣间的两倍大,可容纳一家人在内,孩子在换衣服的时候,父母也可在旁边悉心照顾。柔和的灯光映照着墙上精美的壁画,松软的地毯上放着精致的桌子、椅子。最令人感动的是T100亲子试衣间连地毯也是经过消毒的，孩子可以光脚在上面换衣服。并且 T100 的试衣间里还配备有精美的便签纸，能够满足家长的不时之需。

道具：真实的“梦工厂”

“高低错落”、“前后错落”一直是服装专卖店道具的摆放原则，T100 的专卖店内不同区域均摆放有各种道具，如亲子区就会摆放一些有生活照的镜框等和家庭生活有关的道具来衬托这类产品所体现的“家庭”的概念；酷感区则会摆放一些海盗船、船舵一类的道具来衬托此类产品所反映出来的“酷”的风格；英伦学院区则会放一些欧式道具箱、地球仪、奖杯等道具来烘托一种“知性”、“学习”的产品风格。甚至在广州旗舰店，T100 建立的儿童俱乐部像是一个童话世界，店中建设的儿童乐园除了有钢琴、架子鼓，还有画室、图书区、饮料区。所有的道具无不昭示着这里不仅仅是个卖场，还是孩子们一个释放潜能、创造无限可能的梦工厂。(http://guide.ppsj.com.cn)

课后思考题

1. 服装企业品牌形象与哪些因素有关？
2. 如何塑造服装整体品牌形象？

第三篇

服装品牌形象的传播

第六章　服装品牌传播概述

第一节　认识传播

一、什么是传播

传播指社会信息的传递或社会信息系统的运行。信息是传播的内容。信息一般有 4 种形态:数据、文本、声音、图像。这 4 种形态可以相互转化,传播的根本目的是传递信息,是人与人之间、人与社会之间,通过一切途径进行信息传递、信息接受或信息反馈活动的总称。关于传播的定义有很多种,它们有着各自的侧重点:强调传播是信息的共享;强调传播是有意图地施加影响;强调传播是信息交流的互动过程。但无论是从哪个角度对传播下定义,其基本意思都是“与他人建立共同的认识”。

公共传播的构成要素为:一是基本要素:信源、信宿、信息、媒介、信道、反馈;二是隐含要素:时空环境、心理因素、文化背景和信息质量。对于服装品牌要传播的信息除了有关产品的品牌名称与标识、设计风格、制作质量、品牌内涵、品牌故事、品牌个性,还包含有企业的文化、企业的经营作为等,这些共同构成了一个服装品牌形象。

信息的传播对于一个企业、团体、甚至一个国家来说至关重要,由于传播有塑造人心、影响民意的强大作用,因此自古以来各个政府都利用自己控制的资源千方百计地宣扬自己的理念。然而传播是观念与观念的交融与碰撞。在当今信息爆炸的年代,有效的传播手段更加显露出它的重要性。

二、服装品牌传播

发出信息与接受信息就是信息的传播,传播的理论同样应用在品牌建设中。在当今的市场竞争中，为什么做相同的产品，有的公司名气很大，而有的公司却经常被人们忽视？这并非因为他们运气不好，而是因为他们没有足够的知名度。知名品牌往往具有相应的信誉与美誉。对一个品牌的塑造，目标就是要努力获得广泛的知名度和良好的美誉度，并且要长期保持下去。品牌传播可以强化品牌的优势。传播是品牌力塑造的主要途径之一。而目前服装企业对于品牌传播，却往往缺乏更系统和客观的认识，没有合理的规划和有力的措施。品牌传播对于企业来说，到底具有怎样的意义，又会发挥怎样的作用？事实上，许多企业对此要么漠不关心，要么不知所措，要么束手无策。对于企业来说，品牌无法有效传播，这使得企业处于非常被动的境地。在这里我们所研究的是一个大传播的概念，而不是新闻发布、炒作新闻或者是一个简单的广告投放。我们所理解的大传播的概念所反映的内涵是：一个企业在品牌建设的过程中，它的一些利于品牌发展的经营活动的信息有效传达给消费群体，并被消费者所认知，这个过程叫传播。有效的品牌传播能够给企业带来更好的提升竞争力的效果。所以企业要想建设品牌，就要有一套系统、有效的传播方案。

在服装企业的层面看“品牌传播”，就是企业以品牌的核心价值为原则，在品牌识别的整体框架下，选择广告、公关、销售、人际等传播方式，将特定品牌推广出去，以建立品牌形象，促进市场销售。品牌传播是企业传播品牌信息，培养消费者忠诚度的有效手段。通过品牌的有效传播，可以使品牌为广大消费者和社会公众所认知，使品牌得以迅速发展。同时，品牌的有效传播，还可以实现品牌与目标市场的有效对接，为品牌进占市场、拓展市场奠定宣传基础。品牌传播是呈现品牌个性的手段，也是形成品牌文化的重要组成部分。

但是向外传播的一些关于品牌的信息有相当一部分并不是企业有意传播出去的，而是一些媒体或相关者从自身角度获得企业的部分信息而向外传播的，而这一部分信息从效果看，有时它的影响力超过了企业自身所传播的信息，而对于消费者来说，这一部分信息更具有客观性，并且更加可信。所以企业的一言一行都有可能被消费者感知。因此对于品牌的长远发展来说，企业的行为要诚实。

案例：“神秘”的库尔斯酿酒公司

美国的库尔斯酿酒公司虽然是一个小型的地方性啤酒公司，但是在20世纪60年代它的业绩非常惊人，在全美四大酿酒商中排名第四，库尔斯品牌让人着迷，它成了名人专用的庆典啤酒，许多名人包括总统到明星都对它情有独钟，每年有30多万的库尔斯啤酒迷前往公司参观，而商贩们纷纷出售印有库尔斯啤酒标志的T恤衫和汗衫，在没有库尔斯公司销售商的东部地区，啤酒的价格上升了三倍。它这么具有吸引力的原因是此公司的重点放在技术设备与产品上，他们的经营围绕产品质量而不是市场。质量控制主要集中在酿造过程和原料，啤酒使用落基山矿泉水及由签约农场种植的一种特殊大麦，在酿造中经过了各种科学的处理与检测。为了保证啤酒的质量与口味，公司不惜血本，在运输途中密封在容器中，运送到销售市场冰库中。对于超出60天的啤酒，公司要求销售商撤出柜台。库尔斯公司的销售商必须具备一定的实力才能被选中，因为必须修建冰库使啤酒低温保存直到卖给消费者。这些做法使得库尔斯啤酒在消费者的心目中罩上了一层神秘的面纱，人们以饮用库尔斯啤酒为荣。这么大的名气并不是公司刻意宣传的结果，因为库尔斯公司的啤酒广告在33年间从没有换过一次。

从这里我们看到消费者往往也会对公司的一些经营战略着迷，他们会从一切途径获得这些信息，媒体往往对于消费者所关注的事情倍加关注，也会想法设法的获得这些信息，所以企业的一切行为都要忠实于消费者，这些行为一旦被消费者感知，那么品牌的影响力将会倍增。（张石森、欧阳云《藐视竞争的库尔斯》）

案例讨论：这个案例告诉我们什么？

第二节　品牌传播的意义

品牌塑造需要形象传播的长期积累和不断修正。品牌的传播可以称为品牌的信息化，在经济和社会活动中通过普遍采用信息技术等传播手段，更有效地开发、传播和利用信息资源，有利于品牌的建设与传播。品牌信息作为企业品牌管理的基础、决策的依据和品牌竞争的第一要素，成为比物质、能源更重要的资源。

品牌塑造不能急功近利，而且服装品牌不能独立于企业经营之外，应紧紧依存于服装产品之上。品牌的建设应与企业的成长相一致，企业各部分协调一致的发展才能保证品牌健康持续的发展。并且品牌的塑造是长期的产品品质管理和创新、市场经营和管理一点一滴积累出来的，并且要不断依据市场反应进行修正。而所有这一切将由媒介将这种形象传播给市场和大众。传播对品牌的塑造起着重要的作用：

（1）要使有关品牌的信息进入大众的视野，唯一的途径是通过传播媒介，以此让消费者认识与了解自己。如果少了传播这一环节，那么消费者将无从对商品的效用、品质进行初步了解，同时也不会知道品牌的名称，而且也不会明确品牌的定位及特定目标市场；品牌文化和品牌联想的建立则几乎是不可能的。

(2) 在品牌传播过程中消费者可以在一定程度上与目标消费群体进行交流,并影响一部分潜在消费群体。品牌传播是一个与消费者沟通的很好方式,企业通过传播信息,让品牌形象在消费者的心目中有效叠加,并不断更新。同时信息也可以影响一部分潜在的消费人群,使他们有可能最终成为目标性费群。

(3) 在传播反馈中企业可以了解消费者的需求与自己的不足,从而调整传播策略,并及时调整品牌策略。因为如果绝大多数的人对传播信息产生厌恶或抵制心理,传播者在销售的压力下,就不得不重新考虑传播内容。同样,如果只有一个人不满企业的公关活动,传播者则会站在目标市场大众的基础上,坚持这个活动,不会因为一个人而改变其运行。因此在传播中塑造品牌就必须考虑到如何才能吸引、打动品牌的目标消费者,考虑如何在传播中体现出能满足更大需求的价值。

作为塑造品牌的企业,企业的一切行为都可能成为传播的信息。

案例:意大利运动服饰品牌 Lotto 广州市场推广案例

一、Lotto 是什么?

尽管国人对 Lotto 颇为陌生,但实际上不管是其发展历史还是其在国际市场的影响力,Lotto 均是运动服装中的一大豪门。Lotto 于 1970 年起源于意大利,一直在足球领域占据重要地位,其技术含量、品牌影响和资金实力在欧洲丝毫不亚于其他品牌。

20 世纪 90 年代,Lotto 进入中国市场,但所谓进入,仅仅是依靠中国大陆地区的总代理——香港骏星贸易有限公司在全国各地开设的代理机构,没有广告推广支持,消费者对产品的认识仅仅停留在终端售点中的 POP 和店员的推荐。

从 1999 年开始,中国大陆的运动品牌犹如雨后春笋般蓬勃发展,李宁、康威等品牌的声势逐渐有超越外来品牌的趋势,如果不进行及时推广,Lotto 将被甩出竞争的跑道。于是在 2000 年,香港骏星贸易有限公司从广州着手,开始对 Lotto 进行传播推广,想通过对广州的切入来占领市场制高点,达到全国推广的目的。

二、对市场环境的冷静审视

论知名度和品牌形象积累,Lotto 与其他先来一步的国外品牌相比不能望其项背。首先来看两大巨鳄耐克与阿迪达斯。耐克凭借其深入各种体育运动领域的巨大实力,在广州市场占有近 37% 的市场份额,同时,耐克规模庞大的广告投放，使其品牌影响深入人心。阿迪达斯在广州的市场占有率也超过10%，而且，阿迪达斯通过对中国男足、女足的全面赞助以及邀请众多体育明星作为其形象代言人，在年轻一代的心目中享有相当高的口碑。接下来就是国产品牌李宁和康威的天下，作为这些品牌的大本营，广东市场向来都有不错的业绩。

纵观以上几大品牌，都具有如下几个特点，首先是市场稳定，短期内很难憾动其完善的市场根基；其次是知名度高，在青少年中几乎是无人不晓；再次是品牌资产积累丰厚，他们基本上都形成了自己的鲜明个性。

而Lotto在中国大陆的市场推广，却困难重重。首先，Lotto在中国市场，没有厂家强有力支持，是一个完全的经销商代理品牌。虽然广告推广有利于所代理产品的直接销售，但与制造商相比，代理商面对的品牌众多，分摊到每一个品牌上的推广经费就会相对紧张；其次，经销商经营某品牌，只是从利润的角度出发，而不会从厂家的角度考虑如何长线规划、壮大品牌，而且只要品牌在运作上有一丝失误，经销商就会为避风险而降低投入；再者，香港骏星贸易有限公司虽然选择广州作为推广的切入点，但它不具备统一的品牌管理和市场预测能力，也无法动用较大人力物力进行市场研究，他更关心的是广告与投入之间的比例关系会到什么程度。此次对Lotto品牌的推广，给骏星公司的市场把握和策略运用能力提出了很高要求。既要取得满意的即时广告效果，又要严格在预算中控制成本，而且客户也希望对其品牌的积累有所帮助，宛如要在狭窄的空间里进行一场高水平的足球比赛。形势不容乐观，Lotto想在迅速吸引目标群体的注意，惟有出奇制胜一条路可以选择。

三、我们坚信Lotto会打动市场，但凭什么？

有困难并不等于没有丝毫机会，这也正是考验骏星公司运用有限资源推广国际品牌能力的机会。浩维清扬广告公司在调查与思索之后，发现要对Lotto进行推广还是存在着相当多的优势和机会。从Lotto本身来看，第一，Lotto是国际知名品牌，起点很高；第二，Lotto拥有尤文图斯等一大批在中国具有深刻影响力的赞助球队和形象代言人，如皮埃罗、科瓦切维奇、阿加西等星光熠熠的人物；第三，Lotto产品的设计前卫时尚，技术含量高；第四，与耐克的高价位相比，具有一定的价格优势。

我方的优势在于我们对消费者心态与行为消费模式的把握。两者结合起来，Lotto就有打动市场的理由了。

四、策略来自于对消费者的准确界定和在执行上的整体把握

在当前产品同质化越来越高、信息日趋繁杂、消费者越来越多样化的年代，产品的优势并不决定它的市场，能否成功推广还要取决于消费者的需要。为此，我们对广东地区进行了详实的消费者调查并最终确定我们的推广策略。

大学生作为新新人类的杰出族群，消费观念感性而讲求实际、前卫且不太定型，接受新品牌、进行品牌转换的可能性较高，这一点在广州这个观念开放的沿海城市表现得尤为突出，此为第一点；第二，大学生大都追求个性化消费，在耐克、阿迪达斯充斥校园的情况下，以黑马姿态出现的 Lotto 给人以独树一帜、前卫时尚的印象，能较快树立 Lotto 的品牌形象；第三，品牌对于高素质的大学生来说，意义远不止身份的象征这么简单，他们更希望通过品牌来自我表达，向世人展示一个与众不同的鲜活个体。第四，这个群落是未来十年中的主力消费群体，抓住他们的心，就等于为未来十年的品牌推广铺垫了道路。综上所述，我们可利用的资源有哪些？

首先，从产品本身来看，Lotto 所赞助的球队和球星在大学生心目中都可谓神交已久，这是一笔巨大的而容易被人忽视的品牌资产，完全可以好风凭借力，为推广送上一程。

其次，广东做为我国传统的足球强省之一，向来足球氛围浓厚。广州市的大学生足球也具有相当高的水准，校园足球联赛历来都是大学生生活中的一道亮丽风景线，也是大学生表现自我的一个舞台。

第三，大学校园是一个信息量大，传播途径多样且速度快的场所，根据“媒体即讯息、讯息即传播”的理念，大学校园可以看成是一个媒体，它吸引的不仅是参加三人制足球赛的队员，更包括拉拉队、观众、师长、新闻媒体以及大学生口碑传播所能达到的群体，在较广泛的范围内形成了传播学范畴中的“议题设置”现象。

通过一系列如同剥笋的层层分析，我们最终提炼出这样一个事件传播的主意，即在广州若干知名高校举办由 Lotto 赞助的三人制足球联赛，化推广之力于无形，以四两拨千斤之势来启动品牌宣传。

五、高校三人足球赛

三人足球赛，并不是新鲜的主意，每年暑假举办的百事“三人篮球赛”代表着时尚、运动、参与、光荣与梦想，已深入年轻一代的心。但毕竟这样的机会非常少，而渴望参与是每一个年轻人心底的梦。因而，根据对广州各主要高校大学生生活方式、消费观念和能力的了解，我们最终确定在全市高校中最有代表性的中山大学、暨南大学、广东工业大学和广东外语外贸大学中，举办“高校三人足球赛”。

比赛采取小组赛，共分四个阶段举行，周期从 9 月中旬一直延续至 10 月底，如预想中的一样，比赛果然进行得如火如荼，吸引了 192 支自由组合的球队，四所大学近万名学生参加。一时间，四所大学的球迷就仿佛过节一样，沉浸在欢乐的海洋之中。

但比赛并不是单纯而为之，客户同意我们这样大胆的想法，完全是为了提升销量和品牌知名度。所以，在比赛的每一个细节中，都要完成 Lotto 品牌和产品形象的建立。

开幕式和闭幕式：开幕式和闭幕式，使目标群相对集中，也会有充分时间将品牌理念全方位阐述。我们请香港总部的代表在开幕式上作为 Lotto 的代言人阐述品牌发展历史和体育精神，并在闭幕式上颁奖，给参与者留下了深刻的印象。奖品：用 Lotto 做奖品，既增加了产品曝光的机会，又能将产品同“优秀、出众、良好”等形象直接挂钩。还能刺激未取得成绩或未参加比赛的目标消费者产生羡慕感和心理渴望。有奖问答：在 48 场比赛的每一次中场休息中，都会插入对 Lotto 品牌的有奖问答，现场提问，现场回答，现场颁发奖品，使在场观众都会在潜移默化中形成对 Lotto 品牌的印象和好感。现场促销活动：在九月到十月，“Lotto 杯”高校足球三人赛举行过程中，我们建议厂家不失时机地在四所高校中组织促销活动，平常几百元的产品这时仅以一半的价钱就可以买到。促销活动引发学生们极大的热情，甚至还吸引了其他高校的学生。不失时机的促销，甚至比三人足球赛有更大的影响力。奖学金的设立：在奖品中，除了 Lotto 产品外，我们建议客户以 Lotto 的名义建立奖学金。Lotto 产品可以影响个人，但奖学金却可以树立“更好、努力、完美”的向上精神，影响一批人。

六、立体宣传火力

举办活动的主要阵地在大学校园，就当然要把学校的宣传文章做透做足。为此，我们围绕 Lotto 的广告语“潮流只是短暂，经典才是永恒”设计了海报、传单及潮流手册，画面着力表现 Lotto 的经典美感和时尚风格，把大学生的独特品味刻画得细致入微，活动前期在大学校园内广为张贴、派送，让学生了解 Lotto 并告之即将举行的赛事。三人制足球赛揭开战幕后，又立即在四所高校校园内展开了一场立体的 Lotto 宣传攻势，以保证活动信息和 Lotto 的品牌性格深入到每一个层面。宣传渠道包括校报、校刊、广播站、宣传橱窗和校园派发。对宣传的内容我们也做了一些要求，如在各大学的校刊封面宣传 Lotto 的品牌讯息、校报用一定篇幅介绍 Lotto 的相关情况、校园广播站定时播报赛事举办进程、赞助品牌的宣传口号。举办活动阶段，置身校园中的大学生们天天可以感受到 Lotto 无处不在的身影。

仅仅依托校园来进行推广是不够的，Lotto 赞助高校足球赛的同时，始终注重品牌形象的宣传，在一系列大众媒体上发布了广告和软性宣传文章。如《羊城晚报》、《新快报》等，把 Lotto 的品牌信息和赛事战报淋漓尽致地传达给新一代年轻消费者。

仅仅靠广告投放带来的传播效益是远远不够的，我们还希望行销方案能在传播上给我们带来更大的收益。“高校三人足球赛”是一个反映大学生活的活动，又是在经济发达的广州举办的，能充分体现广州大学生的精神面貌，这对全国的大学生来说具有号召意义；同时又是一个国际品牌开拓中国市场的经济事件，有新闻可读价值。所以，我们捕捉到其新闻价值后，就主动争取媒体的免费信息发布。一时间，《黄金时代》、《少男少女》、《新快报》等报刊杂志上均主动发布消息和专访，并在目标消费群中引起广泛的讨论，达到双倍传播的效果。虽然我们是在广州地区组织的活动，但广西、四川、湖南、湖北、山东的大中专学生也有反馈信息，并专门来信询问可以在哪里买到 Lotto 服装。(http://www.4a98.com)

课后思考题

服装品牌传播的意义是什么？

课后预习题

举例说明我国的服装品牌大多采用的传播方法。

第七章　服装品牌传播媒介与方法

第一节　服装品牌传播媒介

一、什么是服装品牌传播媒介

服装品牌传播媒介是指品牌信息传播过程中信息传播者和受众的中介，是品牌信息的物质载体，是用来表达某种意图的静态的或动态的物体。

不管采用何种传播方式都要选择一个或几个媒介，媒介选择的正确与否将关系到信息传播是否到达受众以及信息传播的效果。

二、服装品牌传播媒介的种类

1. 报纸

报纸的发行量大，因此成为企业发布信息的重要媒介，报纸作为受众量最大的印刷传播媒介具有以下特点：(1)信息较为详细。同电视比较而言，报纸可以比较深入细致、详细、全面地来描述信息，读者可以获得比较系统的信息；(2)图文并茂，有一定的吸引力与说服力；(3)信息选择性强。现代生活节奏块，报纸虽刊载信息量较大，但读者可以根据自己的需要和爱好，在众多信息中选择自己有兴趣的加以阅读；(4)信息具有可保存性。遇到好的商品信息，读者可以长期保留下来，以备查找；(5)文化局限性。报纸的发行要求受众者有一定文化程度才能获取信息。

2. 杂志

服装品牌信息的传播一定程度上会依靠服装专业杂志，在国外一些时尚信息与流行元素首先会在一些专业杂志上刊载。国外的时尚杂志很普及，一本好的杂志在美国动辄就有上百万册的销量；美国时尚杂志的价值体现在它是一种生活手册，是服务读者的。世界一些知名的时尚杂志有《Vogue》、《Elle》、《The Face》、《Visionaire》、《W》、《Instyle》等，桦榭集团主席兼首席执行官德雷克莫雷(G. De Roquemaurel)先生认为只有杂志是具有启发性和解释性的媒体。尤其是在法国，杂志发行的收益几乎是广告的两倍，杂志可以保持其独立性而不受广告操控。因此它才更吸引消费者，从而提高了它的影响力。范思哲的服装起初并没有引起广泛的关注，在美国著名时装摄影师理查德·埃夫登的帮助下，范思哲的设计作品开始出现在世界各大时尚杂志的封面，渐渐地为世界各地时尚人士所推崇。

3. 广播

广播通过声音的音量、音调和音色等，可以充分展示广播新闻的个性色彩，而广播自身非语言符号音响、音乐和其他声音的实时应用，更能显现新闻的真实性，增强新闻的感染力和可受性，它甚至可以通过听众的想象和推理塑造出在场的感觉。

广播的特点是：(1)广播是听觉媒介，可利用语言和音响塑造亲切生动的效果，具有一定的感染力；(2)广播传播迅速、时效性强，可以对正在发生的事件做同步报道；(3)广播渗透性好，影响面广，可以不受空间和条件的限制；(4)广播的保存性弱。

4. 电视

电视与其他新闻媒介相比，拥有的受众者最多，可以说是影响面最广，影响力最大的媒介。电视将图像、声音、文字等形式齐集荧屏，以全能语言的方式让人们同时可以接受声像和文字传播；而它另一突出特点是对收受者的文化水平要求不高，这就极大地扩展了收受人群范围。与报纸的文字信息相比，电视的图像语言具有更为直接的信息刺激作用和力量。它以生动直观的形象，绕过人们大脑的理性思考，直接指向人们内心，引发心灵的震撼，产生及时效应。它不仅使得观众的现场增强，同时大大强化了新闻的可信性。

5. 互联网

互联网大容量、高速度、超文本、互动性和多媒体形态的特点，使得信息传播朝着更加快捷、更加便利、更加多样化和个性化的方向发展。网络信息是真正全球化的信息，它以自己的技术优势，给社会公众提供了自发自收的自由。互联网面向全球，因而具有更加宽广的销售前景。它除了具有电视宣传的众多优势之外还具有可与消费者进行实时沟通，信息可保存、可选择等优势。网络媒介可以借用自身的技术手段，以影像的形式将一些新闻事件复原再现。还可以通过网站的建立发布一些新产品的信息，以及品牌的发展历史，让消费者进一步了解品牌，还可以与消费者通过电子邮件进行沟通。

第二节　服装品牌传播的方法

服装品牌传播的方法有许多种，基本上通过大众传媒可以建立企业与品牌的宣传通路；通过事件行销快速扩大知名度，提高美誉度；通过渠道与终端塑造品牌。

一、广告传播

(一) 什么是广告传播

广告作为一种主要的品牌传播手段，是指品牌所有者以付费方式，委托广告经营部门通过传播媒介，以策划为主体，创意为中心，对目标受众所进行的以品牌名称、品牌标志、品牌定位、品牌个性等为主要内容的宣传活动。广告主与广告代理公司(制作公司)、广告媒介的合作，并不意味着广告活动就能大功告成，只有在消费者参与进来后，广告才能成为完整的活动。换句话说，只有当发送者与接受者双方都分享到被传播的思想，传播的意义才完整。

(二) 服装品牌的广告传播内容设计

对品牌而言，广告是最重要的传播方式，我国的服装企业以前侧重于户外平面广告与杂志广告，而户外平面广告主要集中在卖场外及卖场内，在杂志上做广告主要集中于专业杂志广告，这些服装平面广告在表现手法上多有雷同，均以“俊男靓女”为主角，展示品牌服装的设计、款式和色彩搭配。这些媒介的选择和创意的运用使国内服装广告在相互竞争的过程中不能相互区别，因此，服装界很难通过广告来塑造独特的品牌形象。近几年随着人们越来越注重品牌，销售者才开始注重通过媒体广告宣传品牌形象。

广告内容设计极其重要，有的广告既可以宣传品牌及产品，还可以吸引消费者的关注，而有的广告却可以引起人们的厌烦，从而对产品的宣传起到相反的效果。广告传播包括三种策略：

1. 功能差异策略

这类广告内容是宣传该产品某种功能上的优势，这种功能是同类产品所不具备的，例如雅戈尔纯羊毛抗皱西服广告，成功地宣传了产品的抗皱功能，这个广告直接告诉消费者它的抗皱恢复性的效果。耐克篮球鞋广告，画面中两个篮球明星疯狂扣篮，这个过程让观赏者(不管是否喜欢篮球)感觉很尽兴，广告最后以被压坏的球篮和完好无损的球鞋作对比，重新回到了耐克篮球鞋，让人感觉既具有戏剧性，又记住了耐克篮球鞋的高品质。

2. 价格差异策略

这类广告通过宣传产品的价格策略来宣传自己，这种价格在同类产品中具有一定的竞争力。目前这种类型的广告在品牌广告中还没有，在其它的产品中经常会使用。

3. 文化差异策略

品牌文化所主张的观念、价值精神、追求等可超越任何具体的物质，与社会心理、文化协调同步，从而具有亲和力，才更容易说服、打动人，而且品牌文化价值差异难以被模仿和超越，更能体现品牌的核心价值，可以作为品牌广告传播最核心的竞争力量。以这种策略设计广告内容最重要的是要明确品牌的核心价值，目前许多服装品牌的广告都是以这个策略设计广告内容，但是却给人的感觉是品牌形象不突出，内容雷同，主要的原因就是品牌的核心价值没有明确。而国外的一些广告却能通过广告故事来打动消费者，例如夏奈尔的香水广告，通过画面中两个人的感情发展来演绎夏奈尔香水的核心价值，主人公偶然的相遇、轰轰烈烈的恋爱演绎了夏奈尔香水的经典，新奇淡雅如香水前香，热烈浓郁如香水中香，回味绵长如香水后香，片中没有出现香水，但是忽隐忽现的夏奈尔 5 号的标志背景却让人想到了夏奈尔 5 号，它是广告中未曾露面的第三个主人公，也是故事的纽带。

(三) 国际服装广告媒介选择的多样化

国际服装广告在媒介的选择上显示出更多的可能性。除杂志、户外和售点广告是国际性品牌的必争之地外，电视和互联网也是它们展示自我的重要媒介。

GAP 品牌就把电视作为最重要的广告媒介，它推出的时装广告总能在一定时间内引领时尚。同时，一些国际品牌还不断开发新的广告媒介。例如，Calvin Klein 精通于广告投放地点的选择。户外广告牌、电视和杂志对于广告业的先驱而言已经显得太老套了，Calvin Klein 在新媒介的运用上一定要做到第一，否则它就不做。索尼剧院中装爆玉米花的袋子上可以找到 Calvin Klein 的商标，在信封和入场券的背面也可以看到 Calvin Klein 的商标，在一次性的富士相机、少儿读物的封面、书包和流行的纹身中也可以看到 Calvin Klein 的商标。此外，Calvin Klein 还开发出独具一格的 E-mail 广告形式。

而且，这些品牌在媒介的运用上也独具一格，1998 年，Armani 在第 75 期的《时代》杂志上刊登独家广告。2000 年 10 月 5 日，米兰曼左尼大街 31 号旗舰店开张，Armani 接连在意大利几家大报上做整版广告，它名字的第一个字母 A 铺满了报页。

同样是平面广告，国际品牌在广告的创意方面也更加多样化，如 Benetton

的社会性广告和Dior的“狂野”风格广告。这些表现手法，同样为平面广告，却可以产生完全不同的品牌形象传播效果。

二、公关传播

公关是公共关系的简称，1903年成为专门职业，1923年成为一门学科，多译为“公共关系”，具有塑造组织形象的作用，是企业通过一定的途径对企业形象、品牌、文化、技术等信息传播的一种方案，包含投资者关系、员工传播、事件管理以及其他非付费传播等内容。作为品牌传播的一种手段，公关能利用第三方的认可，为品牌提供有利信息，从而教育和引导消费者。目前一些大的公司都有自己的公关部门。

公关传播是为品牌的长期发展服务的。公关传播的方向是否正确，最根本取决于是否符合品牌的个性；而公关传播是否有效和有力，则取决于有没有挖掘出品牌的核心内涵，有没有找到与品牌之间最牢固的结合点。否则，就会南辕北辙，达不到传播的目标并造成对品牌的伤害。

公共关系可为企业解决以下问题：一是塑造品牌知名度，巧妙创新运用新闻点，塑造组织的形象和知名度；二是树立美誉度和信任感，帮助企业在公众心目中取得心理上的认同，这一点是其他传播方式无法做到的；三是通过体验营销的方式，让难以衡量的公关效果具体化，普及一种消费文化或推行一种购买思想哲学；四是提升品牌的“赢”销力，促进品牌资产与社会责任增值；五是通过危机公关或标准营销，化解组织和营销压力。

案例：奥诗裳“泔脚衣”公关危机

2005年9月的第38期《新民周刊》刊登题为《上海名牌店销售脏衣服真相：洋垃圾服装潜向我国》一文。据报道，奥诗裳把衣服赞助给一些节目组使用后，在上海淮海中路上的“巴黎春天”重新偷偷销售这种“泔脚衣”。这是国外时装品牌在中国首次因赞助产品收回后再次出售被曝光。而该事件的报料者竟是奥诗裳(上海)国际贸易有限公司离职的苏珊小姐。苏珊声称，自去年8月份接手市场部“货品外借”工作以来，她看到公司的服装被一批批地借往全国各地的电视台、剧组、时尚杂志等，不同的人试穿、试秀、试拍后又大包小包地运回来。这种外借每次都要几个月，公司上下人尽皆知这种“垃圾衣”有多脏。“脏衣服运回公司后兵分两路，一部分经过熨烫后作为新品直接送到巴黎春天百货淮海店等名品店的奥诗裳专柜上市销售；另一部分则以新品的名义再次租借给各大媒体。”据苏珊计算，以每周七八十件计，一年至少有4 000多件(次)时装在全国近百家奥诗裳专柜流转，亦叫“调货”。

苏珊之所以报料，皆因为对公司行为的不满和公司对自己的“虐待”，她承担了多角色极为繁重的工作，不仅没有受到关爱，而且还遭受了非人道的虐待和威胁。因此，苏珊找到媒体报料“造反”，抖出了奥诗裳公司的内幕，接下来被媒体深度曝光。上海市消费者协会表态，认为难以置信和不理解。奥诗裳上海贸易公司CEO朱俊豪则表达该行为一是行业潜规则，同行也是这样做的；二是被穿的衣服不会超过3分钟，通过视觉可以识别，而且量很小，三是会考虑不再出售。

朱俊豪公开接受媒体采访时不仅没有从自身查找原因，还表达了对竞争对手不利的言论，显然是想把大家一起拉下水，“失道”必然是“寡助”。这样的措辞显然有些让人难以接受，从而影响了该品牌的形象。(http://www.lmjx.net)

案例讨论：如果你是当事人你将如何应对媒体？

三、事件营销

事件营销是企业通过策划、组织和利用具有名人效应、新闻价值以及社会影响的人物或事件，吸引媒体、社会团体和消费者的兴趣与关注，以求提高企业或产品的知名度、美誉度，树立良好品牌形象，并最终促成产品或服务销售目的的手段和方式。事件不但能吸引目标群的眼球，更能触动他们的心，让他们一起参与。

事件营销是近年来国内外十分流行的一种公关传播与市场推广手段，集新闻效应、广告效应、公共关系、形象传播、客户关系于一体，并为新产品推介、品牌展示创造机会，建立品牌识别和品牌定位，形成一种快速提升品牌知名度与美誉度的营销手段。20世纪90年代后期，互联网的飞速发展给事件营销带来了巨大契机。通过网络，一个事件或者一个话题可以更轻松地进行传播和引起关注，成功的事件营销案例开始大量出现。

案例：GAP通过奥斯卡颁奖典礼进行宣传

在每一年的奥斯卡颁奖典礼上，众多娱乐记者都会格外关注走上红地毯的每一位明星的衣着打扮，以便尽早领略时尚的风向。有一年，只见莎朗·斯通穿着一身牛仔，窈窈窕窕走来，在人们纷纷猜测这是瓦伦蒂诺还是阿玛尼的时候，她却道出自己穿的服装品牌是GAP。当时GAP只是一般的休闲服装品牌，跟世界顶级设计师设计的服装品牌相差甚远。人们在钦佩斯通的非凡自信之时，也对GAP这个品牌产生了浓厚的兴趣，纷纷走进它的专卖店寻觅适合自己的服装。(顾洁《新营销》)

目前许多国内外的服装品牌纷纷运用事件营销手法来扩大自己的影响力，特别是一些运动品牌，李宁在2008年北京奥运会的表现就是一个很好的案例。

案例：李宁奥运点火事件营销

2008年8月8日23时55分，李宁在万众瞩目之下“飞天”点燃了2008年北京奥运会的主火炬，这种令人拍案叫绝的点火方式，既让世界为中国惊叹，也让李宁公司的品牌在一夜之间闻名全球。业内人士评价说，李宁品牌的竞争力将在瞬间提高。而相关数据显示，李宁的个人财富在一夜之间增加了1亿多元。很多人认为，这样的点火方式既体现了奥林匹克“更高、更快、更强”的体育精神，同时也体现了对李宁在体育界的贡献的认可。

“不是奥运赞助商胜似赞助商”

李宁没能成为2008年北京奥运会的赞助商。2004年，李宁以10亿元人民币的砝码去竞标北京奥运会的赞助商，这已经是李宁公司所能承受的上限，但是，阿迪达斯还是以13亿元人民币的价格拿到了北京奥运会赞助商的资格。在自己家门口，李宁品牌“输”给了阿迪达斯，这是自1990年北京亚运会之后，李宁在国内体育赞助方面遭遇的最大失败。但是，竞标的失败并不意味着在这场奥运争夺战中李宁失去了竞争的优势。从品牌成立的那一天起，李宁就与中国体育有着不可分割的千丝万缕的关系。虽然阿迪达斯、耐克在国内所占的市场份额要比李宁品牌高，但在大众的心里，人们对李宁与奥运的联系的认同度却远比前两者高。此前网络上的一份调查数据显示，有37%的人认为李宁是此次北京奥运会的体育用品赞助商，而真正的赞助品牌阿迪达斯的认同度是22%。然而，最大的胜利既不是李宁签下了央视，也不是李宁赞助了众多国外体育运动队，而是李宁本人在开幕式上那“一飞冲天”的壮举。虽然李宁是作为国内体育界杰出贡献人物去参与这场盛事，但从李宁公司成立的那一天起，李宁就不再仅仅代表自己，大众无法、也不可能将李宁与李宁公司分离开来。这一“飞”，李宁让全世界认识了自己，更是让全世界认识了李宁品牌。“不是奥运赞助商但却胜似奥运赞助商”，这是外界对李宁的评价，这一切都与李宁个人在体育界的影响力和李宁品牌的营销理念有关。“李宁本人已经45岁了，但他依然完成了这高难度的奔跑，此举本身就有很大的挑战性，符合奥林匹克的精神，这对李宁品牌来说也是一次很大的提升机会。”著名品牌战略专家、品牌竞争力学创始人李光斗如是说。正是这一让人“惊艳”的奔跑，使得李宁的奥运品牌效应大大上升，甚至超过了奥运赞助商阿迪达斯的影响力，在这一点上，阿迪达斯和耐克都只能吃“哑巴亏”。在李宁点燃北京奥运主火炬的一周内，李宁公司的股票在香港股市大盘下跌、大多数国内体育品牌股票也随大盘下跌的情况下却逆市上扬，这不能不说是受到李宁在奥运开幕式上的影响。毫无疑问，此次“飞天”极大地提升了李宁品牌的竞争力，实现“升位”，而其与阿迪达斯、耐克等国际知名品牌的博弈又重新进入到一个新的阶段。

虽然李宁和李宁公司都在点火之后低调行事，并把点火视为李宁的个人行动，不将此事件参与到品牌的营销当中去，李宁公司政府公关和对外事务总监张小岩也表示，“李宁是代表个人去点火炬的，只在客观上会带来一定的品牌效应。”然而，更多的品牌战略专家还是将此次事件看作是李宁公司的经典奥运营销案例，认为是一次成功的奥运营销。“此次事件对于李宁来说是其品牌‘升位’的一次绝佳机会，而李宁公司也绝不会浪费这样的机会的，因为自从李宁公司成立以来，他们就善于在各种不同的体育赛事中抓住机会。可以肯定，自此之后，李宁品牌的竞争力会上升一个层次。”对于李宁点燃主火炬对李宁公司的影响，李光斗非常肯定地评价说。有这种认识的显然不止李光斗一人，凡是从事品牌研究或是关注奥运营销的人都认为李宁打出了一记漂亮的擦边球——既遵守了奥运会的商业品牌使用规则，又使李宁品牌通过李宁本人向全世界人民进行了一次惊艳的展示。

全球品牌网、中国营销传播网专栏作家王亮表示，“在李宁点燃火炬的那一刻，我感觉已经不是一个人手持火炬点燃了主火炬，而是一个巨大的李宁品牌的Logo在移动并点燃了奥运会的主火炬。”他的说法或许有些夸张，却表达出了在这个事件上，李宁公司客观上所取得的宣传效应。李宁，已经不再是一个简单的体育品牌名字，而是变得生动而具体，变得可感可知，成为中国体育品牌的代表。同时，王亮还认为，正是借助这个机会，李宁品牌——这个中国体育界的“名牌”将向国际市场迈出更大的一步。“李宁品牌的价值与知名度都在那一瞬间得到火箭般地提升，在这场体育盛宴中，李宁是最大的品牌营销赢家。”“其实在很长时间内，甚至包括现在，中国在体育用品方面都只是一个制造大国，而不是一个品牌强国，但是李宁正以一种崭新的姿态向世界证明，中国也有自己的品牌。”从更长远的影响力方面来看，李光斗如此说道。的确，当李宁手持火炬在鸟巢上空飞行，并点燃奥运会主火炬的时候，“李宁”这个名字既代表了全球知名的体育人物，更成为全球知名的品牌。更让世人惊呼的是，李宁品牌未花一分钱，但其形成的品牌效应却超过了用13亿元人民币来赞助北京奥运会的阿迪达斯。“不论是对个人还是对品牌而言，这都是令人难以置信的胜利。”这是全球第二大广告行销集团WPP总裁苏铭天爵士在公开场合所发表的评论。广告界的精英们普遍认为，李宁品牌进行了一次成功的“突袭行销”，这将在营销史上留下浓墨重彩的一笔。

李宁的“惊艳”点火之举固然是将李宁品牌影响力提升了一个台阶，但李宁品牌本身也有着得天独厚的竞争优势，那就是亲近性，在广大中国市场上的亲近性。“对于广大的中国消费者来说，李宁品牌的亲近性是阿迪达斯、耐克等国际品牌所无法相比的。”李光斗说，现在任何一个品牌想要在国际市场上占得先机，取得竞争优势，都离不开中国这个全世界最大的消费市场，所以才有众多的国际品牌在中国设立生产基地。“对李宁来说，利用企业在中国体育界的影响力，利用民族情结，立足于国内市场，然后再向国际市场发展，将是企业的最佳发展道路。”李宁曾经说过“不愿做中国的耐克，要做世界的李宁”，这也表达出了李宁的目标。李宁公司曾豪言说，要在2013年前让自己成为世界前五的体育用品品牌，这些豪言，是否能借助此次契机而一举成功呢？这需要时间的考验。但是李宁公司却用自己的言行实践着“立足本土，面向国际”的发展模式。虽然在家门口失去一次绝佳的机会，但李宁却上演了一场“曲线救国”的好戏。2000年，李宁品牌成为法国体操队的赞助商；2004年，李宁与西班牙国家篮球队签约；2005年，李宁品牌成功地成为NBA的官方合作伙伴……正是这一系列的动作，人们才在北京奥运会的赛场上看到身披李宁战袍出征的阿根廷男女国家篮球队、西班牙男篮、美国乒乓球队、瑞典奥运代表团等众多体育运动队。从李宁点燃北京奥运会主火炬，再联系到李宁此前的一系列国际性的举动，李宁无疑走出了漂亮的一步。因为不管是经济实力还是世界范围内的品牌知名度，李宁品牌都无法与老牌的阿迪达斯、耐克等国际品牌相抗衡。

尽管中国消费者对李宁品牌的认可度相对较高，但其原因很大程度上得益于李宁“体操王子”形象的号召，所以李宁需要尽快寻找新的竞争点才能取得中国消费者年轻一代的认可。在这个时候，又是李宁站了出来，虽然他本人从不为自己的品牌做广告，想要尽量弱化自己对公司品牌形象的影响，但这次，不是广告的广告，却在更大范围和更长时间内给李宁品牌带来了极大的影响力，也让人们看到，李宁品牌有着自己的独特竞争优势。“对于李宁品牌来说，要在国际竞争中占据优势地位，就不能跟随阿迪达斯和耐克等知名品牌的脚步，事实上也不用跟随它们的脚步。李宁品牌要走的就应该是一条差异化的路线，这是属于李宁品牌的得天独厚的竞争优势。”李光斗这样分析李宁品牌的国际竞争力。李光斗认为，李宁应该弄清自己的产品定位，给消费者不同于阿迪达斯和耐克的印象，比如走更为时尚化的产品路线等。“成功俘获中国消费者的心后再冲向国际市场，这时，或许李宁进入世界前列的体育用品品牌的时机就已经不远了。”不是广告的广告，却在更大范围和更长时间内给李宁品牌带来了极大的影响力，也让人们看到，李宁品牌有着自己的独特竞争优势。“此次点火对于李宁品牌来说仅仅是个开始，而且是个十分良好的开始，所谓有一个好的开始就等于成功了一半，所以李宁品牌必将在未来呈现出良好的竞争力。”对于李宁品牌今后的发展，李光斗十分看好。借助奥运的契机和得天独厚的优势，或许李宁品牌真的腾飞在即。（恍忆《李宁：奥运营销真正的赢家》）

案例讨论：从这个案例你得到些什么启示？

四、人际传播

人际传播是人与人之间直接沟通，主要是通过企业人员的讲解答疑，示范操作和服务等，使公众了解和认识企业，并形成对企业的印象和评价，这种评价将直接影响企业形象。

人际传播是形成品牌美誉度的重要途径，在品牌传播的方式中，人际传播最易为消费者接受。不过，人际传播要想取得一个好的效果，就必须提高人员的素质，只有这样才能发挥其积极作用。

品牌传播与传播方式的选择及设计密切相关，如果传播方式选择不当、设计不合理，就不可能收到好的传播效果。因此，企业在进行品牌传播时一定要把传播方式的选择和设计放在重要的位置上。

案例：GAP针对不同的品牌选择不同的宣传策略

GAP最早是由一对美国夫妇于1969年在旧金山成立的一家服装公司，公司刚刚成立时，向市场推出的是人们日常穿着的服装。随着公司的逐步发展，也随着GAP品牌知名度的逐步扩大，公司开始将自己最初的日常服装逐步扩展为三大类服装，并且采取了多品牌策略：香蕉共和国（Banana Republic）主要做偏正式的服装，GAP聚焦于休闲式工作服装，而老海军（Old Navy）主要是提供比较便宜的服装。每一个品牌都有其所针对的目标市场，这样的策略既能让每一个品牌共享公司所有的资源，同时又不致于让各个目标市场有所混淆。

在宣传上，公司也对三个品牌分别进行宣传，从宣传基调、宣传渠道乃至传递信息上都有所区别。比如，香蕉共和国采用针对性特别强的宣传渠道，不利用电视、电台等大众化的传媒工具，而是更多地使用一些时尚杂志来加以宣传。GAP和老海军则利用了大量的大众媒体，但是在传播基调上对二者进行区分：GAP的电视广告一向以简洁明快、干干净净的风格著称，当年GAP就是以一群年轻人在没有背景的舞台上跳着轻快的舞蹈这样的电视广告脱颖而出的，在国内掀起了一股GAP卡其服装热潮；至于老海军，顾名思义，就是利用航海和海军概念，挑选了几个名人，加上一只活泼机灵的小狗，展现出卡通

式的风格，同时借机宣传自己的低价位和普通消费者买得起的形象。（顾洁《新营销》）

五、时装发布会

时装发布会传播是服装品牌传播独有形式，通过发布会可以发布此品牌的设计趋势，并且传播品牌形象与文化，国外的许多知名品牌主要是通过时装发布会让媒体及消费者熟悉自己的设计风格及品牌形象的。时装发布会是设计师展示作品的主要舞台之一，每一季发布会之前设计师都会秘密地精心准备，有时一场发布会会令一个品牌一夜成名，像日本时装设计师川久保玲的一场巴黎时装发布会从此让 COMME des GARCONS 品牌走出了日本，走向了世界。各国每年的时装发布会都有自己的惯例，例如法国巴黎的高级时装界有一年两季的传统。成名和想成名的设计师每年都要举行发布会——春夏时装发布会和秋冬时装发布会。美国纽约或洛杉矶时装界发布会则有"一年六季"之说。设计师一年要开六次发布会——春季、夏季、秋季、冬季、豪华旅游季和节日假日季发布会。如 1 月份举行春季发布会，4 月份举行夏季时装流行发布会，"豪华旅游季"发布会一般在 11 月初开。

六、网站

品牌的发展应时时刻刻赢得消费者的关注，让消费者认识并了解品牌的一个重要的途径就是让顾客了解品牌所从事的一切活动。在互联网出现之前，企业是通过报纸、杂志、电视、广播等形式向外传播信息的，这些方式的传播往往存在着收费高、实时性差、信息不全面等缺点，而企业网站却可以在一定程度上弥补这些缺点。在企业网站中我们可以发布新品信息、产品种类、品牌历史、重要活动、公司新闻、销售网络等，所有的信息根据需要可以选择通过图片、文字或视频的形式发布，网站建立的关键是通过策略最大限度地吸引消费者的驻足浏览，如果品牌网站能通过在线的形式得到消费者的认可，并成功地传播了自己的品牌形象，品牌核心价值得到了消费者的认可，那么该品牌在市场上的影响力将进一步提高。网站设计非常重要，一个有吸引力的网站会让浏览着流连忘返，并会常常登陆。例如迪奥网站，该网站可以通过多种语言来展示，从这一点就可以看出迪奥的全球性及世界知名性：最新讯息是对下一年春夏服装做的相关图片展示，内容展示不多不少，恰到好处，会让你情不自禁地在该网站驻足，一张一张图片地去欣赏。网站还有关于品牌发展历史的视频及不同时期重要设计师的介绍，文字简练、图片精美、视频有吸引力，并且还可观赏迪奥经典产品的广告，情节就像一个故事一样引人入胜，在优美的音乐下浏览这样一个网站使人渐渐地融入了迪奥的品牌氛围中，同时对它的产品增加了一份好感。这样的网站对于品牌的传播起到了极大的推动作用。而有的服装品牌网站内容枯燥，它建立目的不是为了与消费者很好地沟通，而是在单纯地宣传自己的规模与实力，而这些信息似乎离消费者很远，这样的网站如何让消费者再一次浏览呢？所以网站的建立一定要围绕吸引消费者、传达产品信息、突出品牌文化这样的宗旨。网站还可以与浏览者进行及时的沟通，例如可以通过QQ，或者设计互动社区、聊天室等，像Jack Jones Fans 网站中设有俱乐部，以宣传，介绍，讨论 J&J 品牌服装服饰为主要目的，面向全国的杰克琼斯中文网会员诚意搭建交流的桥梁并提供最新、最快、最准确的信息资料。俱乐部包括 Fans 交流区、资讯区、话题区、站务区四部分，交流区有 J&J 服装讨论、经典款式收藏和服饰搭配心得；Fans 资讯区为会员奉献 J&J 每季最新动态并组织不定期的会员或团购活动；Fans 话题区可与朋友们聊聊感兴趣的的任何话题；Club 站务区是俱乐部日常的管理专区。

七、节目营销

服装品牌通过与媒体合作共同推出一档节目，来进行品牌的推广。这种形式的传播更加具有可视性，通过一个情节故事、活动来展示品牌的形象与核心价值，更加具有说服力。例如美国内衣品牌维多利亚的秘密（VS），每年都会创造时尚界内衣秀的奇迹。2005 年，VS 开创性地与电视、网络等媒体合作，在美国国内推出电视时尚内衣秀并决定每年举办一次，节目新潮时尚、美丽动人，节目一经推出便在世界范围内引起狂潮。在这场内衣秀中，内衣似乎已超出了它们本来的意义，这场表演更像是一出声势浩大的百老汇舞台剧，能够登上该内衣秀 T 台的模特都是经过精挑细选的。在每年的内衣秀中，还会请到当红歌星捧场，歌星与模特同台表演，共同展现维多利亚的魅力，效果非常好。

【课后思考题】

服装传播的媒介是否越多越好？

【课后预习题】

为什么同样的方法对有的服装品牌传播有效果，而有的没有效果？

第八章　有效的服装品牌传播策略

第一节　有效的品牌传播

一、有效品牌传播的原则

1. 品牌传播与品牌定位高度吻合

品牌的传播需要时间的持续，而且间隔一段时间企业要有意识地改变品牌的传播方案，因为消费者对于相同的东西在一段时间以后会厌烦，所以企业要不断给品牌传播注入新鲜的活力。但是不管怎么改变都一定要忠于品牌的定位。特别是对于广告传播，不要只注重创意而忽略了品牌定位。

案例：GAP 改变品牌形象遭遇失败

GAP 不仅在产品的设计上转变了方向，而且在业界赖以生存的营销手段上也开始进入了一个怪圈。当年的 GAP 广告从来就是一群年轻人潇潇洒洒地唱歌跳舞，青春活力四射，又不过于无知懵懂，每一次电视上音乐声一起，白色背景下一群舞动的青年，人们不用都动脑子，就知道是 GAP 的新广告。但是最近 GAP 却一改广告风格，请来了因主演《欲望都市》而名噪一时的演员帕克作为代言人。一时间，电视里、报纸上和网络上，帕克穿着当季服装频频亮相。GAP 为这一次的营销活动投入将近 1 亿多美元，但是隔了半年不到，帕克的影子就和 GAP 不再挂起钩来。很明显，这一次的营销活动并没有给 GAP 带来他们所期冀的更好的销售业绩。业内行家分析说，尽管帕克具备 GAP 所想表达的许多特性，如时尚、有趣以及很强烈的个人风格，但是看来很相配的帕克并不能帮助 GAP 的销售重整旗鼓。问题在于，如果帕克单单作为GAP的毛衣和围巾的代言人应该说的确是天衣无缝的，但是作为GAP整个品牌的代言人，帕克还是缺少了一个最关键的匹配点，那就是她并不能在GAP的核心顾客心目中引发共鸣。对于GAP的核心顾客群来说，GAP代表的是服装界的麦当劳：无所不在的，不甚昂贵的，值得信赖的，同时又是可以预测的，不惊世骇俗的。但是不管是在《欲望都市》中扮演的凯丽，还是现实生活中的帕克，其本身体现更多的是一种让人感觉到挑战的形象，如果拿食物打比方的话，她更像是寿司卷，而不是汉堡和薯条。所以，这样一来，帕克和GAP之间的配称其实从一开始就是个致命的错误，也难怪自从帕克担任GAP的代言人以来，整个GAP的销售非但未见起色，而且是每况愈下：广告推出的第一个月销售下降1个百分点，第二个月下降了3个百分点，而在12月份，按道理是零售的旺季，竞争者们欢天喜地地开门迎客，赚得不亦乐乎，而GAP的销量却不升反降，到了1月份更是跌到了谷底，销量下降了9个百分点之多。（王茁、顾洁《新营销》）

2. 品牌传播的一贯性与持续性

品牌传播的一贯性与连续性不是指传播时间上的连续性，而是指品牌的传播应围绕一个核心价值，这样才能使消费者对于品牌的认识不断地加深，品牌传播过渡得自然、匀称也会给消费者留下非常深刻的印象。

3. 品牌传播互为映衬，互相烘托

媒体的选择要趋于多元化，要注意多种媒体齐头并进，尤其是户外、车体、室内（车站、机场等），品牌信息真正让消费者随处可见。传播的方式也要多元化。例如：EACHWAY（艺之卉）通过出书来推广品牌文化，从而扩大品牌的知名度，提升品牌的美誉度，从而提升销售额。在此同时，EACHWAY（艺之卉）打造国际一流研发中心——“EACHWAY（艺之卉）概念工场”、“EACHWAY（艺之卉）创意产业园”、筹建“EACHWAY（艺之卉）百年时尚博物馆”、“EACHWAY（艺之卉）美术馆”，都是为了增强品牌文化底蕴。在品牌推广过程中，企业要根据自己的实际情况，以有限资源赢取最大利益。

4. 加强品牌终端传播的有效性

终端是销售渠道的最后环节，可以与消费者面对面沟通，沟通的效果将影响到消费者对于品牌的进一步认识。有效的渠道传播使得顾客对于品牌产生深刻的印象，会提升顾客对品牌的满意度与忠诚度。

二、品牌传播的策略

1. 明确传播主体

品牌传播要明确自己要向消费者传播什么，传播的信息要准确，要达到什么目的，宣传千万不要名不符实。

2. 明确传播对象

所谓对什么人说什么话，品牌传播的最终目的是在其受众心目中产生所需的品牌影响力，因此研究传播对象种种习性心态就尤为重要，切勿对牛弹琴。

3. 选择传播渠道

哪几个渠道联合使用，什么时候播出，用什么方式播出。

案例：阿迪达斯品牌新鞋丑化亚裔遭受谴责

碗盖发型、歪眼、朝天鼻和大板牙——明显被丑化的亚裔漫画形象被赫然印在了新款限量发行的“黄色系列”阿迪达斯(Adidas)运动鞋的鞋舌上，鞋后帮上还印着一个“Fong”，即中文“冯”字。德国运动品制造商阿迪达斯这一做法引来美国乃至全世界亚裔人士的强烈批评，他们指责该公司丑化亚洲人的行为涉嫌种族歧视。

声讨：难道我们是黄色威胁？这款运动鞋由阿迪达斯公司和旧金山运动服装公司 HUF 联合推出，并以“限量珍藏版”的形式发售 1000 双，每双售价为 250 美元，主要针对阿迪达斯运动鞋的收藏爱好者。

鞋舌上的漫画虚构形象名叫“Ray Fong”，出自旧金山知名的涂鸦创作人贝瑞·麦吉之手。

麦吉有一半中国血统，他的作品一直以颠覆传统著名，“Ray Fong”的形象在他以前的作品中也曾出现过。该款鞋一经推出，互联网上便开始出现批评的声音。

从日本、新加坡到中国香港，众人均在 BBS 和博客上讨伐阿迪达斯的丑化亚裔行为。“黄色系列？对他们而言，我们还是黄色威胁？”一博客在网上写道。

旧金山华人权益促进会(Chinese for Affirmative Action)执行会长潘文森特说：“在今天这样的年代，竟然有这样的图像出自于阿迪达斯这么一家规模庞大且国际化的公司，这叫人难过且烦扰。”

辩解：无意得罪任何人或团体

阿迪达斯发言人则称，该公司“欣赏任何表达自我的作品”，并且“无意得罪任何人或团体”。

HUF 业主赫夫纳杰尔说，在互联网上出现的批评之语，只不过是“互联网垃圾”。他还说：“他们应当先查找资料再发言。”这是因为，麦吉的这幅作品曾用以表达其反种族主义思想。华盛顿美国人公义中心(American Justice

Center)的鲍迪洛指出:“把一个华人的脸孔印在运动鞋上,已经使它失去那一层意义了。”一些亚裔组织认为,这个图案曾在一些讽刺政治漫画中使用过,有丑化亚裔之嫌。

既不艺术,也不新潮,更不是幽默

这款运动鞋同样引起了纽约州众议院孟广瑞等亚裔人士的强烈不满,他们指责该款运动鞋图案严重丑化了亚裔形象。

孟广瑞4月5日呼吁亚裔社区民众行动起来向阿迪达斯公司表达不满,并要求该公司尽快将这款产品下架,同时也呼吁亚裔社区行动起来,以打电话、电子邮件等各种方式向阿迪达斯公司表达强烈不满。

孟广瑞4月5日在致该公司的一封抗议信中表示,这款运动鞋的设计既不艺术,也不新潮,更不是幽默,而完全是把亚裔美国人作为外国人的固有偏见的一种再现。

孟广瑞对该公司从类似的侮辱性设计中牟利表示遗憾,并要求该公司尽快将这款产品下架。

孟广瑞指出,美国是一个由不同文化背景、多族裔构成的充满机会的国度,而作为一个国际性的,并严重依赖亚洲市场的阿迪达斯公司,必须对这一侮辱亚裔的事件承担责任。他说,亚裔社区不会将这一设计理解为艺术或时尚,也决不会对类似的丑化亚裔的行为采取容忍态度。

类似事件1: 亚洲人主题T恤遭撤回

这次事件很自然地让人联想到2004年发生的以美国知名服饰零售商Aber-crombie & Fitch为主角的类似风波。

Abercrombie&Fitch曾宣布撤回当时新出品的以亚洲人为主题的T恤衫,回应当地亚裔团体抗议种族歧视。

这件T恤售价25美元,上面印着一幅漫画:一个斜眼、戴着圆锥形帽子的亚洲人,旁边印着口号“黄氏兄弟洗衣店:两个黄能变成白”(WONG BROTHERS LAUNDRY SERVICE: TWO WONGS CAN MAKE IT WHITE)和“碗与球——中国饭与保龄球”(WOK-N-BOWL CHINESE FOOD AND BOWLING)。

类似事件2: Nike辱华广告遭禁播

2004年12月,在全国各省市电视台播出的名为《恐惧斗室》的最新耐克篮球鞋广告片在观众中引起强烈不满。

一位篮球运动员进入一个五层高的建筑,逐层挑战对手,直至取得最后的胜利……这是《恐惧斗室》的广告片内容,但由于在此广告片中,涉及到众多中国文化元素被广告片男主角NBA球星勒布朗·詹姆斯打败的画面,伤害了中国观众的民族感情,观众看后非常不满。

场景一：詹姆斯与身穿长袍的中国人模样老者“争斗”，詹姆斯将老者击倒；

场景二：身穿中国服装的妇女（与敦煌壁画中的“飞天”造型极其相似）暧昧地向詹姆斯展开双臂。随着詹姆斯扣碎了篮板，“飞天形象”随之粉碎；

场景三：篮板旁出现了两条中国龙的形象，二龙吐出烟雾并成为阻碍詹姆斯的妖怪。

此后，国家广播电影电视总局发出通知，要求各电视台立即停止播放该广告片。（http://www.modechina.net）

案例讨论：从这个案例你得到哪些启示？

第二节　我国服装品牌传播中存在的问题

我国服装企业在品牌传播中，由于自身条件和外部环境的制约面临很多不利因素的影响，导致它们的品牌塑造受到很多阻碍，甚至是失败。

一、品牌传播形式单一

很多企业对媒体广告依赖程度很高，甚至认为媒体广告是品牌传播和品牌塑造的唯一手段。很多中小企业将品牌理解为叫得响的名称，将其与产品的质量、形象、附加值等一系列有形或无形资产分割开来，加之广告在宣传一个名称或口号上所具有的明显的推动作用，造成很多企业过度依赖广告，导致品牌塑造的成本过高，为数不少的品牌利润很低或陷入亏损的境地就说明了这一点。事实上，一个成功的品牌不仅体现在有一个响亮的名称上，还体现在产品性能、包装和分销渠道的优越性上，只有通过这些优越性才能体现出品牌的核心价值。广告只是品牌传播中的一个环节，不能赋予品牌长盛不衰的生命力，也不能建立长久的消费者忠诚度。

在新经济时代，品牌传播仅仅依靠广告是不够的，必须深刻理解品牌的内涵，进行立体的实在的传播才是最稳妥和最有效的。

二、资金短缺

品牌塑造是耗资巨大的工程，任何品牌的营销和传播对资金的需求量都有一个底限的要求。而我国的中小企业的发展历程最多也只有二十几年，自我积累不足。并且，企业在融资方面又受到种种障碍。企业的信用地位与社会地位使其股票难以上市，债券难以发行，内部集资又受到种种限制，从商业银行贷款更是难上加难。企业工业总产值占全国的60%左右，而每年信贷规模占整个信贷规模的比重却不足10%。融资困难制约了中小企业优势的发挥,也使中小企业在品牌塑造和品牌传播上缺乏强有力的资金支持。

三、缺乏战略规划

虽然许多中小企业已经认识到品牌的重要作用,但是在品牌传播上却不得要领。相当多的中小企业对产品和企业形象的传播都没有进行战略规划,企业品牌传播的行为随意性大,眼前利益至上,这严重影响了品牌传播的效果。

另外,许多的中小企业没有认识到品牌传播是公司整体的努力,是一个从顾客出发的全方位的事情。品牌传播并不只是营销部门的任务,而是公司整体努力的结果。企业要想做好品牌传播,必须把它提升到战略的角度,这样才能协调公司的方方面面,使品牌传播的效率得到提高。

四、广告传播缺乏创意

我国的服装广告多用在电视与服装专业报刊上,目前服装品牌的广告目的多在扩大自己品牌的知名度,有的企业也在努力宣传品牌的核心价值,但是效果不佳,这在消费者调查中就可以看出,人们普遍认为这些广告大多内容相仿,没有什么创意。再加上传播手段单一,那么看完广告后,人们往往对广告内容没有什么印象。每年广告费用巨大但是效果却平平,这让企业有些不知所措。

意大利的贝纳通服装堪称创意方面的“种子选手”,它所做的一切堪称“惊世骇俗”,其大胆出位的广告给世人留下了深刻的印象。1985 年以来,贝纳通不断推出以种族、国家等敏感话题的广告创意,引起西方媒体的广泛关注与社会各界的极大争议,广告甚至遭到封杀。但贝纳通一点都不在乎,其广告影响因为争议和封杀反而被加倍地放大,贝纳通的影响力从而得以大幅提升。

美国 DDB 广告公司 1996 年设计的一则“吉姆内裤”广告,可谓颇具胆识,构思奇巧。画面中 5 位西装革履、手捧高脚杯的男士,正与几位靓女谈笑风生,谈笑间一只无形的手从他们的胯间掠过,笔挺的西服下露出质地考究、颜色鲜艳的内衣,令观赏者惊奇不已。仅仅撕破一层薄纸,就换来了令人难忘的视觉奇效,尽管吉姆内裤并非像其广告主题所说“也许是世界上最好的内衣”,但这则服装广告不能不说是经典之作。这则广告也因此荣登 1996 年世界广告创意榜首。

当然,在国内的环境下,这样出位的广告目前或许还难以让消费者接受,但它们勇于打破服装品牌常规,“创意不惊人死不休”的做法却值得国内的服装企业有所深思。而且不能否认,当前国内一些服装企业推出的广告品牌也颇具创意,一些广告语甚至成为流行语。

五、过分依赖广告

我国的服装企业在建设品牌时往往过分依赖广告，认为广告是消费者了解品牌的唯一通路，所以不惜重金来做广告，但是由于广告内容不到位，使得效果不佳，从而大量的投入回报极少。西班牙品牌 ZARA 几乎不作广告宣传，它的广告成本仅占其销售额的 0～0.3%，而行业平均水平则是 3.5%，广告费用的节省是 ZARA 追求回报的一种体现。在价格折扣方面，ZARA 公司采用少折扣策略。因为公司的产品都是“少量、多款”，消费者如不在第一时间购买，就存在着再也买不到的风险，所以往往无法等到季末或岁末打折就会迅速购买。ZARA 的打折商品数量平均约占它所有产品总数量的 18%左右，只有竞争者的一半水平。在库存方面，ZARA 公司的极速供应链体系下，公司库存量降至非常低的水平目前库存量大约是 15%到 20%，远低于服饰行业的 40%的平均水平。

第三节 国际品牌的传播策略

一、宣传手册

宣传手册是一切活动中必不可少的文字资料，它不仅是产品的介绍，还是品牌形象的宣传。一个设计精良的宣传手册可以作为一个精美的图册收藏或者作为一个有趣的阅读资料收藏，可被消费者长期拥有，所以企业一定要把握好这个机会，让消费者能够喜爱并时常阅读宣传手册从而对品牌产生好的印象。产品介绍手册是范思哲搞公关活动的有利工具，这些手册印制精美，把现代卡通片、美术创作、古典文化和漂亮的模特儿结合在一起，产生出无数白马王子和白雪公主，得到了顾客的认可。

二、展示会

这一方法主要被国外的知名设计师品牌所利用，在这些设计师成名之前，他会精心准备一场服装展示会，把他的设计精华让世人所了解，从而引起人们的注目，例如 1978 年 3 月 28 日，范思哲在米兰的永恒大厦举办了他的第一个由他自己签名的女装展示会。在展示会中利用音乐、场景布置、舞蹈设计、化妆等来展现模特身上的服装，音乐的选用衬托服装的风格，周围的场景勾勒出一个故事的背景，而模特也通过一些动作把观众带到故事情节中，这些都是为了展现服装的设计精华，同时表现出品牌的核心理念。例如 Kenzo 将春夏服装秀场景布置成热带雨林，一条条悬垂的花叶及彩带和鸟叫，使人仿佛身临其境，服装秀从请帖、舞台设计到服装本身，彼此相互呼应，共同展现了品牌形象。

三、旗舰店

近年来，服装店铺平均面积不停上涨。大面积销售点的建立为视觉营销设计带来更为广阔的空间，亦便于将设计复制到其它面积相对小的销售点（整体或部分复制）。西班牙品牌 Mango 跟随 ZARA 的脚步，选择在巴黎开设了旗舰店，面积达到了 1200 平米，地理位置更是设在了歌剧院广场。在 Mango 旁边的一个男装品牌 Célio，面积也达到了 900 平方米。受到 Next 启发，Célio 在此开设了第一个旗舰店。如同很多品牌的旗舰店一样，Célio 旗舰店不如说“更像一个工作基地，就视觉营销设计用的材料、家具、产品配送等，服务于未来的专卖店”。

现在似乎所有的品牌不论何种档次，都在努力获得更高质量的视觉营销，目的在于改进供应商品的可见性。旗舰店在一定程度上是品牌形象的一个表现，特别是服装名牌，通过旗舰店消费者能够直观体验到品牌文化及产品的消费情景。

四、名人效应

一些世界知名品牌都很注意名人效应，这种效应并不是像国内品牌那样集中于广告中的形象代言人。它们会利用多种名人效应，例如提供新款给一些时尚的知名人士或社会上流人物，从侧面引起媒体注目，或者借开店等庆祝机会开一些 Party，邀请该城市的时尚知名人士。

课后思考题

服装品牌有效传播的途径有哪些？

课后预习题

服装品牌如何获得持续的发展？

第四篇

品牌发展策略

第九章　品牌延伸

第一节　服装品牌延伸概述

品牌延伸作为一种经营战略，在 20 世纪初就得到了广泛的运用。1979 年，Tuber 发表了重要论文《品牌授权延伸，新产品得益于老品牌》，提出了对品牌延伸进行系统研究的重要性。到了 20 世纪 80 年代以后，品牌延伸才作为一种规范化的战略理论开始引起国际经营管理学界的高度重视，而这一理论传到我国是 90 年代中期。品牌延伸策略是品牌建设中一个重要的策略，它是企业充分利用原有的品牌资产，扩大市场份额的一个重要的手段。

一、什么是服装品牌延伸

品牌延伸是指企业将某一知名品牌或某一具有市场影响力的服装品牌应用到新产品，以凭借现有成功品牌推出新产品的过程。品牌延伸短期内会产生较大价值，降低宣传成本、短期增加收入、提高产品在各个领域知名度。品牌延伸包括两大种类，一种是增加同品牌服装品种或类别来提高市场占有率。例如，一个衬衣品牌，同时也做西装、西裤、休闲裤等，这就属于扩展服装品类。另一种是实施多品牌战略，也就是通过培育新的差异化的品牌争得更多的市场份额。例如，雅戈尔的产业包括品牌服装、地产开发、股权投资三大板块。虽然在这三大板块，他都在使用雅戈尔这个品牌名称，但是这三块完全属于不同的领域，实施的难度与多品牌战略不相上下。世界名牌服装大多实施品牌延伸战略，如夏奈尔(Chanel)：时装、香水、鞋、包、首饰；迪奥(CD)：时装、内衣、针织、香水、化妆品、珠宝、配件、皮草、手套、袜子、台布；拉尔夫・劳伦(RALPH LAUREN)除服装服饰的延伸外，甚至延伸到涂料，涂料业绩进入行业的前三名；耐克(Nike)：延伸运动手表、慢跑随身听。

二、品牌延伸的种类划分

(一) 按照延伸的领域划分

按品牌延伸领域的不同而分为在同一和不同产业领域的延伸。

在同一领域延伸,指的是在同一产品行业中进行品牌延伸,增加产品的种类或者对同一产品赋予不同的品牌名称,当然每个品牌的产品都应有自己的设计特色。例如,波司登在我国是具有影响力的羽绒服品牌,它在产品的同一领域进行品牌延伸,拥有包括波司登、雪中飞在内的6个羽绒服品牌,这6个品牌在国内市场占有率高达50%左右,它是同一领域品牌延伸的受益者。后来波司登的品牌延伸又有大的动作,就是进军时装等领域,羽绒服与时装同属服装领域,但是市场情况大不相同,目前为止,它的这一品牌延伸还没有明显的起色。

在不同的产业领域进行延伸,就是跨行业延伸。例如美国的哈雷品牌延伸到服装、饰物、餐厅、玩具等领域,这些产业为哈雷每年创造近一亿美元的销售收入。

(二) 根据产品档次延伸方向划分

根据产品档次延伸方向分为向上、向下和双向延伸。

向上延伸指的新产品比目前的产品档次高,一些著名品牌,特别是定位在中低档产品市场的品牌为达到上述目的,不惜花费重金,向上延伸。我国许多服装品牌都用过这种策略,开始时只是一个很小的加工厂,有了一定的资金、技术及管理经验的积累后,开始向高端发展。

向下延伸指的是新产品比目前的产品档次低。如美国的派克笔,一直以价高质优著称,是上层人士身份的象征。后来为抢占中低档笔市场,派克品牌下线延伸推出了价格低廉的平民派克笔,生产每支仅3美元的低档笔,结果不但没有顺利打入平民笔市场,其高贵的品牌形象反而受到损伤,高档笔市场的份额反而也开始萎缩,这是个失败的案例。法国高级设计师拉赫西是20世纪60年代知名的时装师,他的设计使得女装展现出生机勃勃的现代风格。在设计高级时装的同时,他对成衣也感兴趣,并开了一家女子成衣店,非常受欢迎。

(三) 按照品牌名称的使用范围划分

按照品牌名称的使用范围划分可分为单一品牌名称与多品牌名称。

单一品牌名称就是不管延伸到哪个领域,所有的产品都使用原来的品牌名称,例如皮尔·卡丹发现,自己的名字可以使许多产品获得很好的销售,产品包括男装、女装、鞋、袜子、皮具、衬衣、香水、工装，甚至巧克力、地毯、家具、饭店，卡丹把品牌延伸到能进入的所有领域。皮尔·卡丹曾无不得意地想象“用皮尔·卡丹做牌子的一切都属于我，我可以睡皮尔·卡丹床，坐皮尔·卡丹椅子，在皮尔·卡丹餐厅进餐，用我的灯照明，去剧院看戏到展览会参观，都可以不出我的品牌帝国”。

多品牌名称指公司拥有多个品牌，典型的案例是宝洁，旗下飘柔、海飞丝、潘婷等许多品牌并存，各有自己鲜明的个性，并且都非常成功。

三、品牌延伸的作用

品牌延伸是企业推出新产品，快速占有并扩大市场的有力手段，是企业对品牌无形资产的充分发掘和战略性运用，因而成为众多企业的选择。借助主品牌的影响力，进入新的行业后，机会成本降低，传播快速，商业风险减小；原有的顾客资源、渠道、研发、采购优势可以借用，使边际效应产生最大边际利润。那么品牌延伸的具体作用有哪些？

(1) 品牌延伸可以加快新产品的市场认可度，保证企业新产品投资收效迅速。特别是当新产品与原品牌的关联度很高时，针对的消费市场相同，因此企业不需要再花时间与精力进行市场论证和调研，所以减少了大量的前期投入。新产品在原有强大品牌的带动下，这可以大大缩短被消费者认知、认同、接受、信任的过程，可以减少新的广告宣传和系列的促销活动耗费的大量费用。

(2) 成功的品牌能为现在的品牌或产品带来新鲜感，充实它的产品系列，为它们增强活力，为消费者提供更完整的选择。一般来说，很少有消费者对某一品牌忠诚到对其他品牌不想试一试的程度。截获这些品牌转换的唯一办法就是进行品牌延伸，为目标市场提供几种品牌。例如，威基伍德在生产实用产品的同时也开发了一些装饰性的瓷器，精美的瓷器刺激了消费者的购物热情，使得他的新产品在市场上也非常畅销。

(3) 品牌延伸有助于强化品牌效应，增加品牌这一无形资产的经济价值。品牌原产品起初都是单一产品，品牌延伸效应可以使品牌从单一产品向多种领域辐射，就会使部分消费者认知、接受、信任本品牌，强化品牌自身的美誉度、知名度，这样品牌这一无形资产也就不断增值。

(4) 品牌延伸能够增强核心品牌的形象，能够提高整体品牌组合的投资效益，即整体的营销投资达到理想经济规模时，核心品牌的主力品牌都因此而获益。例如，许多法国知名的服装品牌，都把产品线延伸到了香水、皮包、配饰、鞋等，这样更加方便女性服饰搭配，满足她们搭配和谐的要求。反过来会增加消费者对品牌的好感与依赖感，从而提升整体品牌形象。

四、品牌延伸的弊端

品牌延伸策略被许多相对有品牌实力的企业所应用，但同时也有许多企业在其品牌延伸中并没有获得相应的成果，走入了品牌经营的误区 。相反为其决策的失误付出了惨重代价。看到某个产品市场比较好，就打上原品牌的名字赶快上马，这种机会驱使的轻率延伸往往会带来对母品牌的损害 。

(1) 品牌延伸不当会损害原品牌的高品质形象。如果把高档品牌使用在低档产品上，就可能堕入这种陷阱。例如皮尔·卡丹，他的品牌一开始在消费者心目中是定位于中高档的服装，但是后来只要交使用费任何产品都可以使用这个品牌，而且不管质量好坏。一开始消费者可能会对这些皮尔·卡丹的产品抱着试一试的想法，在他们心目中还是希望试用的结果与对这个品牌原来的感觉相当，但是如果这个产品的质量一般或者很糟，那么在消费者心中就会形成对整个皮尔·卡丹品牌形象的不信任，以往在消费者心里建立起来的美好感觉会渐渐消失，直至消费者不再光顾。

(2) 品牌延伸使原品牌定位淡化。例如某男士品牌，它的产品包括领带、男士腰带、衬衣、钱夹、男士皮包等许多男士用品，充分体现了男人世界的品牌定位。然而，为了扩大市场份额，该品牌也做起了女士皮包，并且使用统一的品牌名称，这会逐渐模糊品牌的原有定位，也会削弱品牌原有的男子汉的阳刚之气。

第二节　品牌延伸的策略

“一个成功的品牌，会在顾客心中产生鲜明牢固的印象，并且给人带来丰富的联想。而品牌延伸要取得成功的关键在于尽量与原品牌保持密切的契合感。”香港科技大学商学院市场营销研究中心主任温伟德教授说。并且只有在核心业务已具有优势，占有较大市场份额并形成稳定收入时，再去发展另一核心业务。选择非相关多元化经营战略一定要稳步推进，因为这种多元化有效扩张不是若干行业的简单相加，而应该作为竞争力的集合。

一、服装品牌延伸的驱动力

所谓品牌延伸的驱动力是驱使一档品牌向另一档品牌运动的作用力，当一个品牌在其领域已经相当成功时，消费者会寄予这个品牌一种厚望、支持与信任，这种信任会延伸到同品牌下的其他新产品，甚至消费者会认为像这么一个感情深厚的品牌，产品应该更加丰富，或者即使品牌延伸是企业主动的行为，但是由于消费者对企业的原品牌已充满感情，对于这个品牌下的新产品也会充满期待。这种众望所归的认同其实就是促使品牌延伸的驱动力，驱动力可以使品牌向上延伸，也可以驱动品牌向下延伸或者是横向跨越。

服装行业是一个时尚性非常强的行业，光凭一个品类无法完全体现出消费者着装后的整体效果，所以更加促使服装企业进行品类延伸。例如，许多知名服装品牌现在的产品类别丰富到香水、提包、鞋类、配饰等，这些产品会互相促进，让消费者选择后会感到整体的和谐感。国内走品牌延伸之路颇有代表性的是杉杉男装，至今已形成集团的规模，旗下有 20 多个国内外服装品牌，产品线包括男装、女装、童装、羽绒服、皮装、休闲服等各个大类，还投资高科技领域的产品。

二、服装品牌延伸的影响因素

1. 企业的核心业务与核心品牌

企业的核心业务是指企业主要从事的产业。在此基础上创建的品牌已被消费者公认，并且有一定的代表性。核心品牌将会在品牌定位、市场的地位及产业类型等几方面影响品牌延伸策略的运行效果。例如，夏奈尔在我们心中代表高贵、优雅的女性形象，假设夏奈尔推出男装恐怕消费者会一时难以接受。

2. 消费者因素

品牌延伸的成功与否决定于消费者的态度，消费者对于原品牌的联想程度越高，认知度越高，那么它的延伸越可能成功。

3. 企业管理层面

采取何种策略是公司高层的决定，也反映出公司高层的运营水平，同样一种延伸策略在不同的公司会产生不同的结果。例如，宝洁公司在品牌延伸案例中可谓经典成功案例，它不管采用同种产品不同品牌的延伸策略还是采用不同领域的延伸都取得了极大的成功，而其他企业效仿的结果却不尽人意，恐怕在高层管理上存在很大的原因。

三、品牌延伸的方式

对于品牌的延伸，公司可以采取内部开发、企业兼并或者是战略联盟的方式。企业内部开发需要企业投入一部分人力、财力，而且还要有相关的技术支持。如果企业没有这种实力进行内部产品的开发来进行品牌延伸，那么企业可以考虑进行企业兼并或战略联盟。世界前 100 强的企业，没有一家是仅靠利润积累发展起来的，都靠组织和协调社会资源来扩充实力。正如诺贝尔经济学奖获得者、美国著名经济学家乔治·斯蒂格勒所指出，没有一个美国大公司不是通过某种程度、某种方式的兼并而成长起来的，也几乎没有一个大公司主要是靠内部扩展成长起来的。成功的兼并应当考虑能否加强一家公司的全盘战略优势和核心能力，并且能使公司处在一种比由其自身来经营时所不能达到的优势地位中。企业在运用资本运营使其规模迅速扩张之前，在产品经营和技术创新方面，都应有卓越领先或相对领先的表现，而离开产品经营和技术创新盲目扩张规模，甚至靠行政手段来拼凑企业集团，最后免不了被市场淘汰的命运。战略联盟指的是企业为了实现特定的目标而采取的任何股权或非股权投资的共担风险、共享利益的联合行动。战略联盟的具体形式有三类：一是松散关系，包括网络组织，机会性联盟等；二是契约关系，包括分包经营、许可证经营和特许经营等；三是正式的所有关系，包括联营、合资、合作企业等。采用战略联盟途径来扩张核心业务可以弥补企业自身在进入新行业时资源不足的缺陷，通过合作也可以获得乘数效果和可持续竞争优势。但战略联盟也存在不少问题，主要是联盟各方的动机并不相同，追求利益不尽一致，更重要的是有时缺乏信任。此外，联盟有时还可能培育出比自己更强大的对手。

四、服装品牌延伸的策略

1. 开发同种产品使用不同的品牌名称

这种策略在日用品与服装及化妆品上用得比较多，其优点是一个产品一个品牌，消费者易于识别，但由于是一个品牌一个名称，每一种产品就要做一个广告，为此要花掉大量宣传费用。例如，宝洁公司的洗发水的三个主打品牌飘柔、海飞丝、潘婷做得是同一个产品但是打出的是不同的产品定位，在市场上非常成功。服装类的像波司登公司在推出羽绒服的主打产品波司登品牌后，又推出了雪中飞、康博、冰洁、双羽、上羽等品牌，其中双羽与上羽是通过收购取得的。像这一种情况，每个品牌都应有明确的定位与鲜明的形象才能互相区别。波司登接手“上羽”后，对品牌进行了重新定位，推出代表轻、薄风格的高档羽绒服，打出“轻薄风采”、“轻松拥有”的广告形象，让人耳目一新。而“双羽”则摆脱中档形象，主打运动路线的功能性羽绒产品。“双羽”打出了“突破你自己”的广告语。在面料方面，“双羽”采用世界运动面料顶尖品牌Gore-Tex面料，而Gore-Tex以防水功能好、透气性强著称，市场前景看好。多品牌策略成功的关键一是寻找差异，二是制造“卖点”。寻找差异是指多种品牌策略不是把一种产品简单地贴上几种商标，而是追求同类产品不同品牌之间的差异，包括功能、包装、宣传等诸方面，从而形成每个品牌的鲜明个性，这样，每个品牌都有自己的发展空间，市场就不会重叠。“卖点”是从营销组合的角度出发的，指的是独特的销售主张，英文缩写为“usp”。这是美国广告大师罗瑟·瑞夫斯提出的一个具有广泛影响的营销理论，其核心内容是：广告要根据产品的特点向消费者提出独一无二的说辞，并让消费者相信这一特点是别人没有的，或是别人没有说过的，且这些特点能为消费者带来实实在在的利益。

2. 实现互补型产品线

这一种也是最大限度满足消费人群全方位“生活方式”的需求。POLO 代表一种美国生活，这种生活方式又渗透到家庭的每个角落。它延伸到不同的家庭产品领域，并保持设计风格、设计概念和品质的一致性。以 POLO、RALPH LAUREN 为中心，商标进行不同组合，针对不同的目标市场发展出不同的品牌。借用核心品牌的驱动作用，又不损害主导品牌形象。产品延伸到男套装、女时装、内衣、泳装、运动装、童装，甚至床上用品、珠宝、餐具、浴室用品和家庭装饰品，产品涵盖目标顾客的吃、穿、住、用、浴全方位生活。

品牌授权是完成这种延伸的一个途径，但是品牌授权不当或者管理不严，会对原品牌产生巨大伤害。采用这种策略应注意品牌授权不要太多太滥，同时注意产品的质量与形象。

3. 向行业外延伸

这一种是跨越几个行业来发展，通过兼并或投资等形式把一些行业纳入集团，共同经营，这种策略的优势是避免了把鸡蛋放在一个篮子的风险，但缺点是跨行业经营往往会出现人力、物力、财力等力不从心的危机，一旦处理不好往往会影响主业。

案例：宝马为何能品牌延伸到服装的分析

宝马把品牌延伸到服饰行业，把在中国的第一家专卖店开在北京东方广场，产品有男女正装、运动休闲与配饰系列。宝马服饰对准时尚、崇尚健康、喜爱运动的成功人士。

宝马品牌之所以能延伸到服饰，是因为宝马不仅象征着非凡的制车技术与工艺，还意味着“潇洒、优雅、时尚、悠闲、轻松”的生活方式，车和服饰都是诠释宝马核心价值观的载体。

宝马服饰选用纯绵、纯正美利诺羊毛等优质面料，并且强调时尚和功能并重，比如在受力点采用高科技的材料以加强拉力牢度，在冷风进口处，加上恒温面料来保暖。这些都是功能化的具体表现。从外观看，宝马服饰在设计上力求与宝马汽车的风格一致；在颜色的选择上绚丽而不失稳重，线条上也保持宝马汽车流线型的设计。宝马汽车代表了豪华，宝马服饰也是服装中的贵族，在北京东方广场宝马生活方式店，衬衫的价格为 1 823 元，带汽车抽象图案的领带为 1 571 元，女士丝巾为 1 571 元。车和服饰都能传神地体现宝马核心价值观和“潇洒、优雅、时尚、悠闲、轻松”的生活方式，这种延伸无疑是对的。

宝马品牌延伸到服饰不仅能获得服饰的利润，还有另一层深意，就是通过涉足服饰领域向更多的消费者推广宝马生活方式与宝马这个品牌。宝马注意到，人们空闲时很少到汽车展示厅闲逛，而去商业中心成为都市人们的一种休闲方式，因此宝马希望通过宝马生活方式店的服饰向人们直接展示宝马精良的品质和完美的细节，从而将人们培育成为宝马汽车的潜在消费者。宝马希望在消费者还很年轻的时候，就钟爱宝马这个品牌，成为宝马汽车的潜在消费者。刚从大学毕业的男士，要购买一部宝马汽车，可能力不从心，但他可以先购买一件宝马服饰，从中感受到宝马生活方式。如果他女友对他这款宝马服饰赞美有加，他将对宝马品牌留下很深的印象。因此对宝马品牌的信任和忠诚度可提前培育，等到他事业有成，选择高档汽车时，就会先入为主，对宝马汽车情有独钟。这是培养市场、抢占商业先机的高招，让我们看到宝马的长远战略眼光和创新开拓精神。(http://www.0571e.com)

[案例分析] 宝马的这个品牌延伸看似与原品牌毫不相干，但是从它的经营理念、经营方式来看都是为了让消费者体验宝马生活方式，这是对原品牌形象的加深。

五、品牌延伸应注意的问题

营销大师艾·里斯曾经忠告："品牌延伸是橡皮筋，你愈伸展一个名称，它也就会变得越脆弱。"所以，品牌延伸需要进行理性的考虑，这也是企业在推进品牌延伸战略时应该把握的一个宏观上的认识。

1. 品牌延伸应注意竞争对手

在品牌原来的领域存在竞争对手，当品牌延伸到新的领域时会出现新的竞争对手，如何应对这些市场竞争者，而且当公司集中精力推出新产品时，原来的领域可能会有潜在的竞争对手乘虚而入，这些问题应是在品牌延伸之前就要充分考虑的，并有充分准备。

2. 营销渠道

营销渠道也是公司重点考虑的因素，因为原先一套成熟完备的分销系统现在是否拥有足够的能力、技术或经验去承担更多品牌的分销任务是个未知数。如果不行，重新建立分销系统的话，成本、技术、人力、信息等方面企业是否能承担得起，是否能够快速地调整以适应新的情况都需要考虑。

3. 根据消费者的心理定势把握品牌延伸的度

消费者对于品牌的期望与接纳是有一个度的限制的，这是经济学上的科学判断，也是心理学上的艺术技巧。企业在品牌延伸之前要研究消费心理，洞悉消费行为。

【课后思考题】

服装品牌延伸的条件是什么？

【课后预习题】

总结一下国内服装品牌的销售渠道有哪些。

第十章　服装品牌销售渠道的选择

服装目前有许多销售渠道，例如直销、连锁店、电视销售、邮寄销售、网上销售等，这么多的销售渠道如何选择，是多多益善还是越精越好，这是我们这一章中需要学习的内容。

第一节　服装销售渠道概述

一、销售渠道的重要性

对服装品牌而言，无论如何定位，或者用哪种营销方式，通路无疑是企业或品牌与市场或消费者的联系。销售渠道对于企业来说有以下的重要性：

(1) 企业需要通过渠道走货，实现销售收入，产品的销售是企业生存的保障，也是企业资本的积累过程。消费者需要通过渠道获得自己需要的品牌。

(2) 销售渠道可以通过服务增加产品的附加值。渠道是连接品牌与消费者的一个桥梁，良好的服务将会增加消费者对于品牌的好感，提高它的口碑，从而提高品牌的价值。

(3) 销售渠道可以有效地向厂家反馈销售信息，使得厂家可以根据市场需求来调整款式设计及各款式的产量。

(4) 企业可以通过销售渠道向消费者传播品牌形象。销售渠道是传播品牌形象的一个重要的通路，渠道的服务与形象如果与品牌形象一致，将对品牌的升值起到很到的促进作用。

因为消费者通过渠道的流通功能得到了各种各样的所需要的商品；因为渠道是完成交易的场所和环节，所以绝大部分制造类企业、消费者都不可能离开渠道。

二、渠道构成

（一）国内服装品牌销售渠道的构成

服装销售渠道由制造商、中间商和消费者组成。整个服装销售渠道的起点是服装生产商，终点是消费者。中间商包括各类批发商、零售商、代理商、经纪人和实体分销机构等。

（1）制造商：也称生产商，是产品的生产者。作为品牌产品的创造者，制造商广为人知并被认为是渠道的源头和中心。制造商在销售渠道成员中不仅起到生产者的的作用，而且要参与服装产品的交换乃至产品的流通过程，从而更多地了解、管理甚至控制销售网络中其他主体的行为，以保证自身能够获得稳定的资源和畅通的产品销售通路。

（2）批发商：批发商指专门从事购进产品，再转售给其他商业企业或生产加工的经营者。批发商拥有产品所有权，进销差额构成批发毛利，减少批发环节可以减少中间商分享的利润。有许多生产企业自设销售机构，将产品卖给零售商或消费者，通过减少环节，淘汰批发商。但后来人们逐步认识到批发商在组织商品流通中起到了提高效率，降低费用，调节产销矛盾的积极作用。

（3）零售商：零售商是以零售活动为基本职能，以盈利为目的，从事零售活动的经济组织。服装销售大部分是通过零售商销售的，零售商在销售服装的过程中发挥着重要作用。零售商能及时地把消费者的购买信息反馈给服装企业，使其能针对服装尺码或色彩等方面进行补换货，而且通过服装卖场零售，企业可以把服装设计的理念、定位传递给消费者，有利于市场推广，形成企业自己的顾客群体。

（4）消费者：消费者是整个销售渠道的终点。消费者的类型、购买行为、购买特征都是关注的焦点。因为制造商、批发商、零售商的诸多努力都是为了满足消费者的需要，实现商品的销售，从而最终实现各自的赢利。

三、传统服装销售渠道

（一）连锁店

严格来讲，连锁店不是一种零售形态，而是一种服装零售组织形式，它由一系列（两个或两个以上）的商店组成，采取统一采购，统一经营、配货，每个店内的经营品种和服务方面都采取基本相同的策略。按照连锁店经营品牌的多少分为专卖连锁店与多品牌连锁店。

1. 连锁专卖店

一般经营单一品牌，是服装专卖店的方式。这是最早的服装销售形式，往往以特定的消费者作为目标市场，为他们提供独特的产品和服务，以满足消费者特殊的要求。消费者往往被专卖店的品种多样、个性化的服饰所吸引，它需要把自己的店面装修得时尚宽敞。专卖店所卖服装种类的不同直接影响店面装修的风格、色彩的配置、音乐的播放、灯光的亮度和服装陈列的方式。这些服装专卖店通常通过非积累数量折扣，即在消费者一次购物满一定的数额后，免费赠送该品牌的腰带，皮包等物品。有的专卖店招收会员，凭会员卡累计到一定的积分，依据积分的不同打不同的折。服装专卖店一般得选择一个地理位置较好、人口密度大、路过顾客多的地段作为专卖店的选址。

服装精品店是服装专卖店的一种特殊形式，所针对的消费者范围更小。许多精品店的成功在于它的唯一性，很多类似于巴黎开设的高级时装店，只提供一件或两件服装。这些服装大多通过名设计师之手，当然一般也只穿着在上流社会的人物身上，如影视明星参加奥斯卡颁奖典礼时的服装最主要给人耳目一新的感觉，正是由于明星们"独一无二"的心理成就了不少知名设计师，这些服装在出售时经常附带有设计该款服装的灵感来源、设计意图说明、独特的艺术性、设计师的名气和服装的质量，因此这类服装的价格也相当昂贵。

按目前服装市场实际情况分析，连锁专卖的品牌经营店在众多的服装品牌销售中最具亲和力，例如真维斯、班尼路等休闲服饰的销售业绩都相当高。通过这种模式的经营，既扩大了品牌的影响力又提高了销售额。连锁店模式能扩大品牌影响力；确保所售商品为品牌产品；减少了中间环节，节约了费用；及时获得市场反馈并了解消费需求；连锁经营能够有效地整合市场、品牌、服务、管理等资源。在多样化的品牌服装销售渠道中，连锁专卖模式在品牌服装销售中的优势逐步显现出来，它是将服饰商品传递给最终消费者的最直接场所，也是生产者快速获取市场真实信息的重要渠道。

服装企业通过服装连锁专卖的经营模式将企业服装设计理念有效地传达给消费者，专卖店成为服装营销的重要促销卖点。企业通过与产品文化内涵相呼应的专卖店设计的经营理念，获得稳定的收入和利润，并且通过专卖店的整体形象设计为企业创造培养主力及潜在的消费群体。因此，服装专卖店已成为企业品牌发展的堡垒、信息交互的窗口和价值提升的平台。许多知名品牌企业为了扩大品牌知名度，提升品牌形象，纷纷加大了专卖店的发展力度，尤其是一些男装品牌及休闲品牌，其专卖店的连锁销售额增幅达30%。

综上所述，连锁专卖店的优势主要有四方面：一是确保所售商品为品牌产品，能扩大该品牌影响力，可及时获得市场反馈的信息，了解消费需求；二是标准的商店门面和平面布置便于顾客识别，可以增加销售量；三是连锁专卖店使用标准的广告策略，可以从广告媒体经营者处取得广告费用的折扣；四是连锁专卖店坚守了中间环节，具有较低的经营费用，这样使企业在进行业务洽谈时，处于优势地位，能争取较为优惠的销售条件和较低的价格。这种形式的专卖店又根据店铺与厂家的关系分为两类：代理店和直营店。

a. 代理店是指厂商通过契约形式授予某个人或公司销售其产品的权利。一般说来，品牌代理商可以以一个较低的折扣拿到品牌产品，然后再以全国统一的零售价销售，其中的差价成为品牌代理商的主要利润来源。品牌代理商的核心任务就是开拓市场，市场越广阔、销售量越大，代理商赚取的利润也就越大，它不需要动用自己的流动资金，不需要拥有大量库存，承担风险相对较小。

b. 直营店是指由厂家直接投资并参与管理的店铺。直营店与总部的关系相对比较紧密，加盟店与总部的关系相对松散。直营店员工一般列入总部序列。有许多品牌直接把直营店建为旗舰店。一些知名的服装品牌为了扩大自己的影响并占领国外市场，大都采取开直营店的方式，例如范思哲就在纽约、伦敦和巴黎这些大城市建立了公司和零售商店，使公司的产品直接销售，而不用通过中间商，这样就把设计、制造、零售有机的结合在一起。

2. 多品牌连锁店

多品牌连锁店是指那些经营品种多、种类全的商店。这样的商店可以只经营不同品牌的服装，也可以经营其他的商品（此时称为百货公司）。多品牌连锁店可按经营商品的不同分为若干部门，如家电部、服装部、箱包部等。服装部又分为男装部、女装部，其中女装占的比重比较大，其卖场划分为多个专柜，对服装商品及卖场进行统一管理。它的服装部经营多种品牌的服装，一般规模比较大。有的顾客不单是为了来买服装，在买平常一些日用品时，如果看到满意的服装，会临时产生购买的欲望；但同时也会因为其商品繁多，来买服装的顾客的吸引力也会受到别的商品的干扰，这需要业主和承租者相互协调。百货商店一般地处繁华路段，客流量很大，常常在购物中心，属于城市的黄金地带，其租金较高。

（二）超市

近几年为扩大服装的销售市场，服装成为超市的主营商品之一，超市也被称为大卖场，开始以运动休闲服装为主，价格比较低，品质有保障，也吸引了一部分消费者，现在超市常常对多个中低档服装混合经营。由于超市吸引了一大部分消费者，所以超市成为各服装建立渠道时关注的焦点，沃尔玛、家乐福、麦德龙等国际大牌超市，还有好又多、世纪联华、乐购、欧尚、大润发等都不断加大品牌服装的经营区域面积。进店的一些品牌由承租者经营。业主也自己经营一些服装，是很多小品牌服装的经营。对于这类品牌的服装，超市的自主性较大，过季的、断码的、套装不齐的，当价格相差不大时，往往以“均一价”出货，其价格常比原价至少低30%。超市也经常搞一些活动，比如大转盘，转到几折顾客所买的服装就可打几折，多余的款额常以餐券或购物卡的形式返还。各进驻供应商和品牌不但承担着大卖场如条码费、促销费、店庆费、买赠费等，承担不间断的公关费，并且承受着末位淘汰制的风险。所以品牌进驻大卖场需慎重，在品牌初创期和成长期最好不要考虑这种销售渠道，特别是中高档服装品牌。

（三）大型百货商场的经营模式

目前，许多百货商场的服装零售采用集中管理与分散经营相结合的经营模式。即百货商场作为业主，将其卖场划分为若干专柜，对服装商品及卖场环境进行统一管理，把每一专柜经营权交给承租者，承租者每月向百货商场缴纳租金或缴纳商品销售额的一定百分比（一般是商品销售额的25%～30%）。百货商场并且按服装品种类别、品牌类型、顾客类别进行分区，以专柜的形式销售服装产品。因此，大型百货商场是服装服饰类商品销售的主要渠道，特别是中高档服装和品牌服装的销售，仍以百货业态为主要渠道。近些年来，国外品牌在我国大城市的大型百货商场的份额不断增加，造成了百货商场购买力的分流。虽然国内服装品牌逐渐从大城市的大型百货商场退出，不断向二线城市和批发市场转移，但是服装仍是各个大型百货商场经营的核心产品，也取得了良好的销售业绩。百货商场从准确的商场定位、精心的橱窗设计和突出现场的卖场氛围等方面入手，使经营的服装更有特色，这是大型百货商场营销的特点。

（四）批发市场

批发市场目前是我国的一个主要的服装销售渠道，我国目前有亿元的服装批发市场252家。服装批发市场的发展有两个新特征：

（1）服装批发市场吸引了越来越多的直接消费者，这部分消费者主要为城市工薪阶层、学生、外来务工人员和流动人口，处于消费阶层的中低部分。

（2）简陋的“大棚式”服装批发市场竞相改造，这些商厦式的批发市场在硬件上几乎不亚于百货商城，但在软件环境方面还有相当大的差距。这些商厦式的批发市场仍采用摊位形式，往往缺乏试衣间，通道狭窄，每逢节假日更是人满为患。在这些市场中真正能实现品牌经营的摊位还很少，其优势在于价格与品种。就我国服装批发市场规模来说，年成交百亿元的超大型服装批发市场数以十计。从消费者的需求来看，广大农村消费者和城镇的低收入人群是批发市场的忠实客户。其次，服装批发市场作为中低档服装的主要销售渠道，整体上具有以下优势：绝对低廉的价格；大量丰富的款式品种，相当快的品种翻新速度。

（五）邮购

邮购（Mail Order/Direct Mail Marketing）是指通过邮局以邮寄商品目录、发行广告宣传品向消费者进行商品推介展示的渠道，引起或激起消费者的购买热情，实现商品的销售活动，并通过邮寄的方式将商品送达给消费者的零售业态。顾客根据商店的订货单或广告，将所需购买商品的数量和款项汇寄给商店，商店接到订函和汇款后，将货物连同发票邮寄给顾客。这种方式可以节省顾客往返时间和费用，便于远距离顾客的购买。用邮购的方式获取自己所需的各种物品，打个电话、发个传真、发封电子邮件或写一封信，便可得到自己所需的物品，是在美国兴起的一种新潮购物方式，据美国《堪萨斯城之星》杂志 1990 年 3 月 25 日的一篇调查文章指出：有关邮购业的数据显示，1989 年，91 700 万美国人（基本占美国成年人口的一半）通过直接邮购的方式购物。Lands' End 成立于 1963 年，作为世界上 15 家最大的邮购公司之一，是服装、箱包和日用百货领先的老牌零售商，过去就开展目录邮购业务，并且特别重视和顾客之间的交流，开通 800 免费电话供顾客咨询，并有专门的顾客购物咨询专家，并且公司在互联网上开展全天候的顾客交互式服务。该公司的网站在时机成熟时，逐渐提供下列服务：公司所有的商品，实时的、个性化的交互式导购员、“大家一起购物”（能够使不同地点顾客在网上交谈）系统和购物广告。这些技术和服务，进一步扩展了目录购物方式给消费者带来的购物体验，使这个网站成为活生生的导购专家，可以通过网上聊天方式来帮助你找到自己想要的商品。

（六）服装展会

服装展会发展成为另一个销售服装的渠道，这个渠道大部分是针对中间商的，它是一个信息交流的平台，也是参展商展示自己产品的机会，展示品牌形象的机会。目前世界各国在不同的季节都有名目繁多的服装及相关产品的展会。国外举办的展会得到了供应商及需求方的重视，效果较好，而我国的展会在配置方面及效果上还有待于进一步提高。

四、服装品牌新销售渠道

按照服装是否在店铺销售，可以分为店铺出售服装和非店铺出售服装两种方式。

(一) 店铺销售服装

折扣店:由于现在服装的流行周期越来越短。折扣店则既有品牌优势,又有批发市场的优惠价格,但大多数折扣品是过季的。很多去年的服装到了今年就落伍了,但其服装的品质没有多大受损。于是一大批不具时尚引导性的服装纷纷搁在仓库里,但是这样对企业来说是不愿看到的,而且还有一部分消费者愿意以低价购买过季的服装,于是折扣店的出现很好地解决了这个难题。折扣店是面向中低消费群体的,通常是赚取低毛利润,采取大量销售的策略。还有一些折扣店的服装是企业生产的稍微有些残次的服装,但不怎么影响穿着效果,以打折形式或主题特卖会的形式销售,常常进行季末清仓大甩卖处理,让消费者花少钱买品牌服装,迎合消费者"优质低价"的心理。折扣店的地理位置不必太繁华,其租金比较低,一般只对店面进行简单装修,面积也比较小,其服装常常是堆起来放置。折扣店解决了店家库存过多和消费者对其优质折扣服装的需求。折扣店具有以下特征:商店经常以低价销售品牌服装,重点销售全国性品牌;店址多在租金低的地区,能吸引较远的顾客。近年来,折扣店在我国一些大城市纷纷亮相,如北京的上品折扣店、首都时代广场精品折扣店等。

(二) 非店铺售

不是所有的服装都在店铺里销售,比方说自动售货机、网上销售、电视购物等。

1. 自动售货机

在我国市场上,自动售货机一般只出售饮料,香烟等小物品,出售服装的自动售货机还比较少。即使出售一般也只是牛仔裤,这和我国消费者的消费习惯是有很大关系的,我国消费者长期以来比较习惯到商店去购买服装,还不大能接受自动售货机销售的服装。但随着银行支付手段的增加及消费者对自动售货机销售服装的了解和熟悉和城市建设的改造使一些小店铺消失都为自动售货也出售服装提供了机会。而且它可以 24 小时营业,省去了租店面,招雇员的费用,降低了服装的运营成本。

2. 电视购物

电视购物是以电视台的专门购物频道或电视台的某一时段为平台,不间断地以直播或录播的方式播出商品信息,将信息性、娱乐性与知识性结合在一起,寓购于乐,提供给观众全新的视听享受与多样性选择的一种家庭购物方式。被誉为继零售、超市之后的第三次销售革命的电视购物,已在世界范围内获得巨大成功。电视购物是一种新兴的商品零售方式,电视购物节目必须提供大量独特性的商品和在其他渠道很难看到的产品，才能不断地吸引消费者来购买。电视购物中产品品种繁多，服装类产品齐全，目前国内的电视购物品牌有电视购物联盟网、七星电视购物、橡果国际、东方电视购物、中视购物、亚太电视购物等。

3. 网上购物

随着信息时代的到来，电脑越来越普及。现在的时尚男女白天工作繁忙，没时间出来逛街购物，可以在家上网，尽情挑选，不受地域、时间的限制。消费者在家订购服装，免受舟车劳顿之苦。网上销售商品的信息量大，可以买到当地没有的服装。网上销售的服装品种齐全，可以浏览服装样品，只是无法试穿看其效果，还可以买到一些出于隐私而不意愿上商店购买的用于特殊用途的服装。在网上看好服装之后，只须鼠标一点，然后进行网上支付，无须亲临现场，这样省时省力，还可以省去租店面、装修店铺、招店员、储存货物、保管服装等一系列的费用。对商家来说，可以减少库存压力，经营成本低，规模也不受限制。对市场有更大范围的、更多层面、更高效率地实现资源的优化配置，突破了传统商务模式的障碍，无论对消费者、企业、市场都有巨大的吸引力，购物方便快捷，对部分商品不了解的地方还可以随时查询。这种销售模式新颖、方便，目前主要吸引 20 岁左右喜欢尝新的年轻一代。

电子商务运作已经延伸到纺织服装行业。通过优化供应链管理，建立上、下游客户的网上采购信息，及时为下游客户提供分析资料和与上游客户做好沟通。这是一种新型的纺织服装企业营销渠道，极具发展潜力。但这种模式的发展还处于摸索起步阶段。传统销售服装直观，服务做得相对到位，这是网上销售欠缺的。

消费者在网上购买服装时不能试穿，就像我们在网上买 MP_4 不能试听，看好了服装后不知是否合体，所以要不断研发自动试衣系统，在该系统中输入自己的身体各个关键部位的尺寸，如胸围、腰围、臀围和身高等，建立一个虚拟人体，看其试穿效果。效果好的话再买下该服装，否则可能看着好看，但穿在身上不一定合适。除此之外，还有一个很重要的问题。那就是不论网上和还是电视购物，都应注意一个不可忽视的问题——诚信。据统计，在传统销售中，也发生过“买断”行为，卖完后就不管了，乃至一次换货的机会也不给顾客。在网上，付款未收货的占 17%，不退货的占 33%。以 PPG 为代表的电子商务，虽然貌似网上交易，成本低，但实际上将投入不菲的推广成本及物流成本。对绝大多数国内中小服装品牌或新兴品牌而言，因为资金、管理等原因在相当长的一段时间内仍不得不借助各地的客户来架设品牌通向市场和消费者的桥梁。

4. 直销

主要指销售人员挨家挨户地推销的销售形式，像某些化妆品就是采用直销的形式，它虽然不用招店员，租店面的费用，但它需要投入雇用、培训、管理员工的费用和激励员工的的费用，它可以减少由服装生产商，到批发商，零售商，最后到顾客的一系列商品周转，而且它的售后服务做得比较到位，且质量有保证，可以和顾客零距离接触，更真实地了解顾客的想法，减少做广告的费用。不过对于服装业来说，首先得提升自己的服装品牌的知名度，培养一批优秀的销售人员，才能逐渐被消费者所认可。

5. 服装拍卖会

拍卖会上拍卖的大多是一些电子物品，随着近几年来影视剧的发展，服装也成为拍卖会上的宠物，尤其是对大型影视剧中具有特殊意义的服装的拍卖。旗袍是中国人引以为傲的服饰，张曼玉在电影《花样年华》中穿的旗袍在拍卖会上以高价售出，也引发了一阵旗袍热。李安导演的电影《色·戒》中汤唯穿的那件旗袍最终以五万元的高价被任泉买走。这些服装有着中国的传统文化元素，极具收藏价值，还有极高的艺术观赏性。在国外由奥黛丽·赫本出演的《蒂凡尼的早餐》中的那件黑色连衣裙成为经典，后人为了怀念这位伟大的艺术家，将其拍卖。这种服装销售的形式主要限于娱乐界，演员在戏中穿着的服装，帽子，腰带，都有可能成为拍卖物，其所得款将大部分用于慈善事业。

五、传统服装销售和新形式服装销售渠道的异同

相同点为二者在前期服装的宣传上，都是为了提高服装的知名度，让大众所熟悉。

一般来说，在服装上市之前都要做大量的宣传工作，引起消费者购买的欲望。一些大型公司在推出时尚新款服装后会组织大型服装发布会，发布流行服装预测。如才子男装 2007 年推出的新款男装，是在服装的领子、袖口上都加上了大量的绣花图案，它和该公司以往的服装风格很不一样，其销售额翻了三翻，假如没有前期的宣传，后期也不会运作得这么好。这样的服装公司会通过模特走秀来让潜在顾客记住这个品牌及其服装特点，不论是上专卖店或网上购物时都可能优先考虑这个品牌。这些宣传主要有以下几个方面：

(1) 通常很多的电视节目主持人服装会由一些服装公司来赞助提供，这种方式传播面比较广。电视是重要的获得信息的渠道，尤其是节目越受欢迎，其宣传效果会越好。

(2) 名人效应。让明星、社会上流人物穿着服装出席重要场合，或打印巨幅海报。

(3) 利用影视剧的传播。值得一提的是《花样年华》中张曼玉穿着的旗袍

大放异彩，让优雅、婉约的东方服饰走向世界。一些日、韩剧中，如果收视率高的话，演员的穿着打扮也会引起服装的畅销。

(4) 利用相关的服饰杂志、报纸。让一些模特穿着看其效果，从服装、发型、配饰、鞋子等全身设计，并让编辑对其评论，并在其旁边附注服装的价格和品牌。

传统服装的销售形式和新形式的服装销售的不同点如下：

(1) 传统服装在销售时，在服装店铺的门前会举办一场模特走秀，毕竟服装发布会的款式和实际设计的服装还是有些差别的，让路过的顾客看其穿着的美好效果而引起购买服装的欲望；而在网上或电视购物时，不能亲临现场，只能看宣传效果。

(2) 传统的服装销售要经过企业→批发商→零售商→消费者的一系列过程，其库存压力较大，储存、保管的费用较高，而新形式的服装销售则是由企业直接到消费者，程序简单，产品周转快，由订货到收货方便快捷。

(3) 传统服装销售面向的顾客是部分地区的人，大部分是本地区的顾客，受当地气候、地理条件的影响较大。

(4) 购买时的服务：在传统服装的销售形式中，有导购员对所购买的服装讲解或对认为适合顾客的服装进行推荐，提供一些参考意见，虽说是本着企业的利益出发，但同时也为消费者提供了意见，当然我们也很反感有些意见提得很不中肯，仅出于企业利益。可是，从消费者的角度来说，要给他们自主选择的空间，当服装买回家后，发现没有那么好看，顾客可能下次就不会再光顾该店了。还有的营销者认为详细地向顾客介绍该店服装的品牌、款式、类型，能促进服装的销售，而让服务员不停地向顾客介绍，寸步不离地跟着顾客，而往往适得其反，给顾客造成心理压力，引起顾客的反感。有的服装店的店员却是等到客人问时才开口，这样也不太好。以上两种现象，在网上购物可以比较容易地避免。每件服装的信息比较全面，价格、面料、颜色甚至有的搭配都列出来。现在有的网上服装店也开设了一些电子导购员，能清楚回答有关服装的问题，不用看店主的脸色。在传统服装销售中，询问了大半天，结果还是没买，店主可能会甩脸色给顾客看，在自动售货、电子购物、电视购物中消费者都无拘无束。

(5) 售后服务：在传统服装销售中，能很快找到经营者，如果服装有质量问题，可以凭购物的发票、单据、售后承诺要求其换货、退货或赔偿。在电子售货、自动售货中，有时会买到一些以次充好，假冒名牌的服装，较难找到其经营者。电视购物中其售后承诺虽然很到位，但真正做到的商家不多，往往不兑现自己的售后承诺，甚至有时交了款后还不能安全送货，新形式的服装销售毕竟是后起之物，在法制上还有些欠缺，商家的信誉度比较差。

另外，对企业来说，通过网上购物和电视购物，根据销售服装的记录，能很迅速地捕捉到顾客的要求，及时应对，店家运货配送很及时，还可以全天24小时营业，给白天没有时间购物的人提供方便。而在传统服装的销售中要经过较长的时间才能掌握顾客的需求，调货、配货的手续麻烦，只在营业时间内才营业，不太方便。

营销渠道的选择是市场推广系统中的一个重要部分，因为品牌形象做得再好，如果消费者无法获得产品，或者营销渠道出现问题，那么所经营的品牌也不会走得太远。例如一个男装品牌定位于中高端，但是从渠道终端来看，从高档到低档乃至地摊市场，该品牌一个不漏地都进场销售，服装品牌形象与服装渠道形象不一致，最终会损害品牌的发展。夏奈尔和迪奥对特许经营许可证持谨慎态度，以避免品牌渠道的过度延伸产生负面影响，其系列产品主要依靠自营专卖店销售，并且大规模终止与各国的特许经营合同，授权人由10年前的300家减少到50家；直营店由6家扩展到75家。

服装品牌具有很强的社会功能，因而某个服装品牌很难被差异较大的不同阶层同时认同。而不同种类的销售渠道终端是与不同的社会阶层相联系的，因此，想在不同种类的销售渠道终端取得同样的销售业绩，只能是企业一厢情愿的想法。

第二节　国内外服装品牌销售方式选择的异同

销售渠道是品牌营销战略的重要环节，也是企业的重要资产之一，是企业将产品向消费者转移的过程中所经过的路径，企业可以在短时间内向市场推出一项新产品，却不能在短时间内建设好渠道，而没有好的渠道同样不能使销售取得成功，所以渠道影响服装企业的竞争力，关系着服装企业的兴衰成败。渠道的选择要根据自身的情况选择适合自己的通路。

一、国外知名服装品牌采取的销售方式

国际服装品牌根据自己的需要来选择销售渠道，一些国际服装奢侈品牌大都采取直销的形式，在国外开设分店时非常谨慎。而有些品牌却大量采取代理形式，下面我们看一下这些品牌主要采取的销售方式有哪些。

（一）代理制

代理制是目前许多品牌广泛采用的渠道模式，主要为销售代理，即委托人授予独立的代理商“销售代理权”，代理商在销售代理权限内连续地代表委托人搜集订单、销售商品及办理其他与销售有关的事务（如：广告、售后服务、仓

储等)，代理商在销售完成后领取一定的佣金。

与不同代理形式对应，品牌渠道设计可选择全国总代理，如 1989 年美国花花公子公司授权香港预发集团在香港经销、设计、宣传及生产 PLAY BOY 服装的代理权，并在 1991 年允许其将代理范围扩展到中国大陆，即属于全国性总代理；另外，也可分区域指定不同的分代理，由服装企业或总代理进行协调控制。另外，由于密集分销对品牌服装意义不大，并考虑渠道冲突等原因，品牌服装通常在一定区域均使用独家代理形式，避免代理商间的恶性竞争。对国际性品牌而言，更多倾向于买断代理，减少品牌的库存风险。

如果采用代理制，主要优势有：

(1) 利用中介代理商可降低购产销成本；

(2) 提高服装品牌营销的安全系数；

(3) 提高服装品牌流行的信息可靠度；

(4) 可快速突破地方市场保护主义；

(5) 加快产品的流通速度；

(6) 具有融资作用；

(7) 在加快实现本土化的过程中快速增加市场份额。

但此代理制也存在着许多问题，首先，代理制削弱了品牌对终端的控制能力，代理商的人员不了解品牌文化与产品，难于在市场形成本品牌与其他品牌的差异；其次，代理制增加了渠道的层次与费用；由于代理商赚取佣金，不能积极推销产品；不能向集团提供有关市场现状和竞争情况的情报、佣金比较高等等。同时，由于竞争日趋激烈，考虑快速反应、控制库存等方面原因，服装代理商的利润空间逐渐缩小，对于较大的零售商而言，同等情况下多希望直接与厂商联营，使代理商的发展空间受限。

(二) 直营连锁

直营连锁(又称正规连锁)指经营同类商品，使用统一商号的若干门店，在同一总部的管理下，采取统一采购或授予特许权等方式，实现规模效益的经营组织形式。直营终端特别是直营大店不但可以减少中间环节的利润流失，并且可能最大化地保全和最快速地反馈品牌所需的种种市场信息，还可最大限度地展示品牌形象和贯彻品牌的营销策略，所以这种渠道对品牌而言无疑是最理想的。特别是一些知名品牌的国际化战略中所采用的渠道方式有三分之二是直营，或者采用直营与代理两种相结合的形式。

(1) 奢侈品牌：奢侈品牌要给消费者创造一种独一无二的感觉，为它的客户创造一种优越感和距离感，不能与大众品牌混为一谈。这种感觉是通过价格、专卖等销售方式和服务等方面形成的，要让高级服装品牌成为所有普通人都梦寐以求却只能为少数人所拥有的理想服装。认识品牌的人数与实际消费品牌的人数之间巨大的差距恰恰是奢侈品具有极大魅力的关键。所以奢侈品牌的销售渠道基本采取直营连锁形式。例如:古奇在全球47个国家有219间直营店,占古奇总收入的70%,其它的销售渠道包括全球的经销商、免税店及百货公司等。奢侈品牌的销售形象应与品牌整体形象保持一致,一旦超市的货架也摆上了高档品牌时,这种奢侈品的优越感将不存在。比如在法国,维顿(Vuitton)手提包的大批上市影响了其作为奢侈品品牌的声誉。从短期利益着眼,大销量和增发加盟店的执照、扩张品牌产品和增加经营品种等都是较为实惠的策略,但这样做的结果是以高级服装品牌的大众化和迅速商品化为代价的。

(2) 大众品牌:国际知名的大众品牌采取的销售渠道策略各不相同,有的是加大覆盖面,有的是采取直销控制终端销售。例如ZARA在中国不接受任何形式的加盟或代理,由西班牙总公司直接运营。ZARA由西班牙总部直接开店,不走代理或不做加盟,都是自开直营店,但在有些国家特别是欧洲有不少合营的形式。她旨在对全球的品牌和市场的把控,每个店面都是她的手臂和眼睛,都通过内部pos系统直接与总部沟通,已经拥有足够的经济积累和品牌形象,所以对加盟效益没有兴趣。美国品牌GUESS在世界各地70多个国家均有销售点,GUESS的直营店多于100家,而销售柜台有1 000多个。

H&M自2007年进入中国市场后,从国际化程度极高的上海开始,一路高歌猛进,将门店陆续开到了国内的二、三线城市,无论是南京、无锡还是常州,我们不难看出H&M的"进军"路线:主战中国二级市场,而到目前为止的大部分门店几乎都开在了中国富庶的长三角地区,并且开店的速度比较快。更让人觉得意外的是,像北京这样的大城市,当前并没有进入H&M的计划之内。H&M集团首席执行官Rolf Eriksen在接受媒体采访的时候曾经说过,H&M会以自己的方式进入中国市场,这是按照既定目标扩张的需要。该集团每年分店的扩张率在10%～15%之间。

(三) 专柜销售

专柜是指在大商场里独立专营一种品牌产品的柜台。服装品牌一般选择信誉好名声大的商场开设专柜,这样货源充足,可以节省一定的宣传费用。各个国家的各大城市都有一些知名的大商场,如伦敦的Selfridge、哈罗德商场,纽约的梅西百货公司,巴黎的拉斐特商场,东京的三越商场、苏黎世的Jelmoli商场和莫斯科的古姆商场,北京的新光天地购物广场等。这些大商场在全世界都很出名,也是游客参观的目标。

（四）展会

展会是国外服装品牌建立销售渠道的一个重要的方式，一般是由国外专业展览机构举办的，展会设施齐全。如所有的正规展会都有服务商、法律咨询机构、专业观众检录系统。同时国外的展会是为了展示产品，与买家进行沟通的，所以展会环境相对比较清净。巴黎第一视觉面料展 PV，它分为春夏及秋冬两届，2 月为春夏面料展，9 月为秋冬面料展，是世界上最具权威的、最精良的面料展。PV 展面对的买家非常精确，一种是设计师，还有一种是面料商。设计师主要是看目前国际上流行哪些新型的面料，有哪些新的供应商，并进行采购调样；而面料商主要去搜集市场信息，寻求合作。

又如 ASAP 美国拉斯维加斯国际纺织服饰接单展，是全球纺织服装业非常权威性的接单展会，根据每个国家及地区不同的特色，设立专门的展馆，使全球的买家能够方便迅捷地寻找到合适的合作工厂。参加 ASAP 展的专业买家主要为各类服装品牌、进口商、产品生产及货源的主管、设计师和美国的制造商。其中以看样订货、当场下订单的买家占绝大多数，涵盖了各类大型百货公司和连锁店的采购商，也有进出口贸易商和其他展会的参展商以及中小型企业的店主。可见，明确展览定位，对提高展会的实际贸易效果有非常大的帮助。

二、我国服装品牌销售渠道的选择

在现代市场营销观念的指导下，我国服装企业正处于企业自我设计与文化融合阶段，随着服装行业的发展和流通业态的变革，在服装市场营销中，与之相适应的销售渠道相继应运而生。各种销售渠道的特色和定位逐渐明晰，更有利于服装市场的规范化，对服装销售的增长起着良好的促进作用。因此，对于国内服装品牌的生产和销售来说，了解国内服装市场的主要销售渠道的构成和模式，有利于服装营销工作的顺利进行。

商场、超市、服装批发市场、专卖店、折扣店等都是服装销售的重要场所，这些主要的场所之外，其他销售终端也还存在空间，比如网上购物。专卖店的开设方式主要是代理经营、特许经营及直营方式。

（一）代理销售的经营模式

在美国，代理商归入批发商的类型。代理商并不拥有产品所有权，其主要功能是促进买卖成功，并从中获取佣金。代理商不是代表买方就是代表卖方，服装行业里的代理商常常代表卖方。在我国的服装销售市场中也有许多采用这种方式，其主要原因是：利用代理商可以降低销售成本、可以提高服装品牌销售的安全系数、可以提高服装品牌流行的信息可靠性、可快速突破地方市场保护主义、加快产品的流通速度、具有融资的效能、能快速增加市场份额等。但是,代理也存在许多的问题,比如:佣金较高等。

(二) 特许经营模式

特许经营就是一种营销产品和(或)服务和(或)技术的体系,基于在法律和财务上独立的当事人——特许人(Franchiser)和受许人(Franchisee)之间紧密和持续的合作,依靠特许人授予其受许人权利,并附加义务,以便根据特许人的概念进行经营,具体包括:受许人被允许在限定的区域和时间内使用特许人的商标或经营某一特定的业务;在特许合同期间特许人对受许人进行质量控制,以保证特许业务的经营;按照特许合同,特许人有义务向受许人提供业务支持,包括特许业务的组织、人员培训、商品策划、管理等各个方面;受许人定期要向特许人支付特许权使用费;特许经营合同不同于母公司与子公司之间的合同关系,也不同于同一母公司的两个子公司之间的合同关系,而是两个独立法人之间的一种契约关系。现代的特许经营诞生于美国,到 20 世纪 50 年代,特许经营发展成为经营方式特许经营。这种方式目前在中国的服装企业比较火爆,如在历届 CHIC 中国国际服装服饰博览会上,几乎绝大多数服装企业都打出"诚邀特许加盟"的招牌。

(三) 直营方式

在我国直营店也是被有实力的服装品牌所采用,例如李宁、雅戈尔等直营店比例在 20%～30%左右,七匹狼仅有 5 家直营店。

三、如何选择品牌扩张的城市

世界高级成衣品牌一般选择时尚信息传播快的大城市作为产品的销售地,这样的城市不仅能快速接受流行时尚,还有很强的消费能力。这些品牌一般选择大城市的时尚聚集地及黄金地段开店,有的品牌还选择一些大城市的机场作为开店地点,例如据《中国品牌时尚网》报道,西班牙女性流行成衣品牌 Mango 在 2007 年 7 月底于摩洛哥的卡萨布兰加国际机场开设了专卖店,该品牌之前已在德国杜塞道夫机场、加拿大的温哥华机场开设店面。另外 Mango 于马德里、吉隆坡、香港、伦敦及慕尼黑的机场也分别设有店面。Mango 发言人表示,机场内的成衣市场成长快速,希望未来在全球主要机场开设专卖店。Mango 的目标是在 2011 年之前在全球的店面达到 1 550 家。

大品牌一般在大城市多开店,在小城市开大店,国内的服装品牌都在致力于渠道的开发。例如"以纯"在短短 7 年时间内就打造出一个国内知名品牌,据“以纯”品牌的缔造者——现年32岁的东莞市东越服装公司董事长郭东林透露，这主要得益于特许经营的营销战略。7年前，对于国内服装企业来说，特许经营的营销模式还是一个新名词。在国内服装企业中，大多数还停留于批发销售模式，当时，在富民服装城从事服装批发生意的郭东林可以说是先知先觉者，他率先在东莞本地服装行业中采用特许经营的营销模式，在全国各地开设“以纯”专卖店。为了打造一个全国知名品牌，他专门聘请了国际服装品牌专家，将“以纯”定位为青少年休闲服，并选择港台明星张柏芝、古天乐作为企业品牌的形象代言人，产品刚一推出，即广受青少年消费者的青睐。当年，来自全国各地批发“以纯”的客商转而成为“以纯”最早一批特许加盟户，他们将以纯品牌带回当地开设专卖店。几年来，“以纯”在全国各地生根发芽，远至西藏、新疆等全国各地都有其加盟店。据了解，近年来，“以纯”特许加盟店每年以30%的速度递增，加盟店网络覆盖了全国二级以上城市。特许经营也使东越公司从一个仅有20台衣车、几十名工人的制衣作坊，发展成为如今集品牌经营、产品开发、规模生产、市场营销于一体的大型服装公司，它目前拥有近万名员工和六家制衣工厂，每年推出1 000个服装品种，连锁专卖店2 000多家，年销售额近10亿元。2002年“以纯”获得“广东省著名商标”的称号并荣获“中国十大休闲服装品牌”。

四、国内服装品牌销售渠道发展面临的问题

(一) 服装市场营销环境的新变化

中国加入世界贸易组织之后，国内服装企业的营销环境发生了迅速变化。主要表现为：

1. 营销环境的复杂性

各环境因素之间存在着互相影响、互相依存和互相制约的关系。如市场需求不仅受经济因素、文化因素的影响，甚至也受政治法律因素的影响。例如：1989年美国借口“人权”问题对中国实行经济制裁，使我国的纺织品与服装对美国的出口全面受挫；1991年美国又借口我国“水货”涌入美国市场，大幅度消减当年从中国内地进口纺织品的配额等；2003年初美国对伊拉克的战争使我国在中东地区经营的服装公司在业务上损失惨重。加入世界贸易组织，一方面为我国的服装企业提供了更多机会，同时也将面临国外服装企业更多的冲击，从而使我国市场竞争环境更加激烈和复杂。

2. 营销环境的动态性

随着时间的推移，社会中的环境要素都在发生变化，所以企业营销环境总是处于一种变化的状态之中，而且变化的速度日趋加快。服装企业要根据这

一事实，不断调整自己的计划，使之对不断变化的营销环境具有一定的弹性和适应性。服装作为一种流行性、时尚性很强的商品，企业能否根据营销环境变化及时调整渠道策略显得更为重要。

3. 营销环境的差异性

从宏观上看，似乎所有的服装企业都在一个相同的营销环境中运作。但从微观看，每个服装企业又都有自己特殊的营销环境。由于所有制性质、经营的产品等因素的差异性，决定了不同企业将受到不同环境的影响。每个服装企业所面临的营销环境存在差异性，为适应不同的环境及其变化，企业必须采用针对性的渠道策略。

4. 营销环境的客观性

营销环境是客观存在的，是不以人的意志为转移的，发展企业很难按自己的要求和意愿改变它，尤其是宏观环境。如企业基本上不能影响人口的地理转移、经济环境或主要的文化价值观，但企业可以主动适应环境的变化和要求，利用环境中的机会，避免环境中的危险因素。

（二）服装企业销售渠道的变革

许多营销学家认为，我国服装企业的销售渠道革命正在静悄悄地发生，在这场渠道革命中，服装企业自上而下地改变或整合原有营销渠道，重组新的营销渠道。根据市场营销环境的新变化，销售渠道变革的趋势有如下几方面：

1. 销售渠道成员关系的变革

传统的销售渠道中，上下游不同成员之间通常体现为交易性关系，渠道的各个成员均是独立的，除简单的约束标准外，并不能有效地对各成员实施监控，造成了成员间为追求各自利益最大化而产生的短视经营、恶性竞争、缺少商业诚信等后果。因此，这种传统渠道成员之间的关系正面临着严峻的挑战。关系型营销渠道正是适应形势的变化而产生的一种新型营销模式。伙伴型成员关系将原有的供应及销售体系视做共同发展的经营伙伴，以共生共赢为核心，把不同经营渠道的成员视为各专业职能伙伴，在统一的经营理念指导下合作发展。其价值在于经营战略过程的协同性、信息沟通的多样性、营销活动的互利性等。关系型营销渠道的基础，在于交易双方之间有利益上的互补、相互了解利益要求，寻求利益的共同点。减少成员间的磨擦，共同承担、分享因商业经营所带来的风险及利益，使整个营销体系更为高效。

2. 销售渠道管理重心的变革

销售渠道管理重心面临由以总经销商为重心，变为以终端市场为中心的问题。销售工作归结起来是解决两个问题：一是如何在适当的时间和适当的地点把产品送到消费者的面前；二是如何通过促销让消费者了解和认同企业的产品。以前,服装企业在确定其渠道模式时,通常是从自身出发,很少顾及下游的经销商和零售商,因此渠道在整体运行上不能产生协同效能。为适应新的市场形势的需要,企业开始以终端市场建设为中心来运作。企业一方面通过对代理商、经销商、零售商等各个销售环节的服务与监控,使得产品能够及时、准确、迅速地到达零售终端,使产品快速占领市场;另一方面,通过终端市场直面消费群体的营销手段,提高品牌的形象,激发消费群体的购买欲,快速收拢流动资金。国际上"虚拟企业"的典范——耐克公司,作为全球最大的运动鞋企业没有自己的工厂,生产全部外包,销售终端由专卖店(连锁)加盟商组成,全部营销措施及产品设计都紧紧围绕销售终端进行。并将每一个专卖店打造成集产品销售、信息收集、客户服务、市场营销等多功能为一体的营销中心。

3. 销售渠道组成结构的变革

销售渠道组成结构面临着由金字塔式向扁平化方向的转变。传统的销售渠道存在着许多不可克服的缺点:一是生产商难以有效地控制销售渠道;二是多层结构有碍于效率的提高,且臃肿的渠道不利于形成产品的价格竞争优势;三是单项式、多层次的流通使得信息不能准确、及时反馈;四是生产商的销售政策不能得到有效地执行落实。因而,许多服装企业正将销售渠道改为扁平化的结构,即销售渠道越来越短,销售网点则越来越多。新型销售渠道结构是由扁平化供应体系组成,通过供应体系的扁平化达到精简销售流程、压缩销售成本、提高企业的利润空间、减少供应环节中利润流失的目的。所谓扁平化并非是简单地减少哪一个流程环节,而是要对原有的供应链体系进行优化,摒除供应链体系无法增值的环节,使供应链向价值链转变。将营销、物流、信息、客户服务、辅助商业进行完全整合。借助高效的网络渠道,把产品销售、物流控制、信息沟通、客户管理及意见反馈、辅助商业协同进行有机结合;使传统营销模式向网络营销模式转化,利用简洁而高效的通路来解决传统渠道在操作过程中因多方影响而造成的低效率运作,以求利用最短的供应链、最快的反应链、最低的成本来提高产品利润率的回报。例如美特斯·邦威集团,其终端销售网络除20%是直营店外,其余都是特许连锁专卖店,因而最大限度地减少纵向营销系统中的节点,压缩产品流通的环节,提高产品及各种信息传播的速度。

五、影响销售渠道选择的因素

根据国内外生产环境的新变化,知名企业的营销实践经验,以及众多终端销售渠道的变革,服装企业在选择合适的销售渠道时,首先要对影响销售渠道的因素进行分析和研究。

(一) 市场特性

1. 市场潜量的大小

市场潜量是指某类或某种款式的服装在市场上的可能销售量。大中型分散消费的服装,如毛衣类、内衣类等,可采取的销售渠道一般较长。而某些特殊类的服装,如演出服,则尽可能采取快捷有效的短渠道。

2. 生产消费的季节性

季节性强的产品,如T恤、风衣、皮大衣等,应尽量缩短分销渠道,可降低过季积压的风险。

3. 市场竞争状况

市场竞争越来越激烈,企业可结合实力、品牌优势采取不同策略。如紧跟竞争者策略,回避竞争者策略,有时也可另辟新的销售渠道,从而能够突出自身的特色,在竞争中取胜。

4. 消费者的购买习惯

消费者因购买服装的方式、购买地点、购买数量、购买时间等对销售者会提出不同的要求,这将影响企业分销渠道的选择。如一些时尚消费者购买服装多选择在百货商店或购物中心,而不会在超市中购买。

(二) 产品因素

对服装企业而言,以下产品特性会影响其渠道的选择。

1. 服装的价格

服装价格昂贵,其分销渠道大多较短、较窄;服装价格较低,其销售渠道大多较长、较宽。如生产高级时装的企业,一般把服装交给大的百货公司、高级服装店出售。

2. 服装的款式

款式多变,时尚性、流行性强的服装,应尽量选择短渠道,以减少中间层次,缩短服装到消费者手中的时间,避免因潮流的变化而造成的损失

3. 服装的性质

对于定制的服装或需要提供一定服务(如尺寸测量、调换、免费修改、试穿等)的服装,宜选择短渠道,如由服装企业直接供应给消费者。标准品因有固定的规格、式样和品质,可利用较长的销售渠道。

(三) 企业特性

企业本身的条件或特性对销售渠道的选择有很大的影响。

1. 企业实力

企业实力是指企业的声誉、资金、人力等综合实力。企业的实力强，可选择较短的销售渠道，甚至可以建立自己的销售系统，直接销售；实力弱的企业，常常依赖中间商提供的各种服务，销售渠道较长。

2. 控制销售渠道的要求

不同的生产企业对销售渠道的控制要求不同。有的服装企业为了控制零售价格，增进销售力量，保持产品的时尚性和企业形象等，尽可能缩短分销渠道，因为较长的销售渠道不易控制。

(四) 成本因素

包括企业发展渠道的投资成本以及保持渠道畅通的维护成本。如包装成本、转移运输成本、广告费用以及推销人员的工资等。

(五) 环境因素

对企业销售渠道的选择产生影响的环境因素主要是指文化环境、经济环境、自然环境、人口环境、技术环境、政治环境等。从某种意义上讲，环境因素影响和制约其他因素作用的发挥。如消费水平较高的地区，消费者对服装的质量、款式、服务等都有较高的要求，企业在选择中间商时就要考虑其实力、声誉、服务等因素。另外，在有些国家和地区由于禁止或限制使用某种销售渠道，也影响销售渠道的选择。

六、国内服装品牌实现销售渠道创新的对策

(一) 建立新型销售渠道的策略

随着服装市场竞争的加剧，渠道关系也在不断变化，从而导致销售渠道创新的加速。服装企业要实现销售渠道的创新，建立品牌持续发展的有效销售渠道。应从以下几个方面进行：

1. 强势发展直接销售渠道

由于直销本身所具有的一些优点，许多生产厂家对直销越来越重视。特别是我国颁布《直销管理条例》后，无店铺销售已成为一种新的商业业态。直销形式也越来越丰富，除了原有的上门推销方式，还出现了办公室推销、家庭销售会、寄放销售、直邮营销、目录营销、电话营销、电视营销、网络营销等方式。有效利用这些新型营销方式，充分发挥营销人员和新兴媒体的作用，已成为企业不得不考虑的问题。

2. 建立扁平化销售渠道

从销售渠道的变革中,我们知道,为了降低产品的流通成本,服装行业的渠道扁平化成为必然趋势。渠道扁平化的实质是减少中间环节,使产品经过尽可能短的渠道送达消费者。扁平化的营销渠道,对服装生产厂家来讲,可以降低渠道运作成本,提高产品的价格竞争力。对经销商来讲,与厂家直接见面,通过集中采购、包销、买断等手段可以降低进货成本,从而吸引更多的消费者,扩大销量。渠道扁平化可以使厂家、商家和消费者形成共赢。

3. 销售渠道联盟

渠道联盟是指具有供求依赖关系的企业间采取供应链管理模式,构建一个信息开放平台,上游和下游企业建立一种相对稳定的产销联盟网络。在这个联盟内,各个合作企业根据自身的资源条件进行合理的分工,面对最终用户的需求状况,在生产品种、供货数量、供货时间、供货方式等方面相互协作,从而形成一种新型的流通体制。

(二) 尽快适应国内外各种销售渠道模式

服装销售渠道是服装生产商的产品流向消费者的渠道,服装生产商对其管理水平的高低和控制力度的大小,对该企业产品的市场占有率的提高有着至关重要的作用,因此服装企业必须建立好自己的营销渠道。建立好自己的营销渠道主要是对营销模式的选择应该有一定的标准,如经营规模、管理水平、经营理念、对新生事物的接受程度、合作精神、对顾客的服务水平、其下游客户的数量以及发展潜力等。在建立好自己营销渠道的同时,还要控制自己的营销渠道。控制自己的营销渠道主要是指加强与营销渠道成员的合作与支持,在营销渠道控制中拥有主动权。其基本手段可采用沟通、利润控制、库存控制和营销方案控制、掌握尽可能多的下一级中间商等。如:奥特莱斯零售业模式、定制销售渠道模式等。奥特莱斯源自英文 Out-lets,是“出口、出路”的意思,用于零售业指专门销售名牌过季、下架、断码商品的商店组合,折扣低至七折以下,被称为“品牌直销购物中心”,是欧美最为流行的零售业态。“奥特莱斯”(Out-lets)最早诞生于美国,迄今已有近 100 年的历史。奥特莱斯零售业最吸引人的主要原因就是定位准确,即名牌、低价。尽管所售商品是下架、过季和断码名牌,但却是全新的,而且价格普遍是商场价格的 60%以下。奥特莱斯的目标消费群体是有较高收入、名牌认知程度高、品牌意识强的消费者。这些顾客不一定非得购买当季时尚名牌,即使稍微过季,只要是货真价实的名牌,仍然会成为他们的首选。这种瞄准特定群体的销售定位是新业态出现的客观基础,也是现代商业发展的趋势。

(三) 重视企业之间相互情报的收集

商业情报的收集对企业有很大的促进作用，但情报的收集对企业贡献率一般都是秘而不宣的。据现在才公开的1997年的统计表明，微软为17%、摩托罗拉为11%、IBM为9%、通用电气为7%、惠普为7%、可口可乐为5%、英特尔为5%。因为情报的获取手段和反获取手段都在增强，这些企业的情报贡献率就不可能稳定发展，始终处于波动阶段，对不同的企业来说肯定有增有减。应该承认，我国的服装企业情报工作显得滞后了很多，随着市场竞争的日益国际化，商业情报在服装企业发展中的地位和作用也日益重要了，服装企业对情报人才的培养和使用也应尽快加强。

(四) 提高企业的快速反映能力

当今社会，消费者的个性化需求日益明显，时装流行的周期越来越短，变化越来越丰富，这就需要现代化的服装企业能够根据市场行情的变化做出快速反映，灵活快速地调整产品的款式和数量，增强产品的质量，提高生产的效率以增加企业产品在市场的占有率。在新的形势下，企业单靠自己是不可能在市场上生存下去的，企业应充分利用互联网等有利条件调用下游联盟企业的实时销售信息数据，直接进行分析，也可充分利用客户或者消费者的反馈单表的搜集来获取一定的反馈信息数据，或者直接与供应商、营销渠道中各环节之间建立相互信任、资料共享的联盟关系。为了提高服装企业的快速反映能力，比如美国先后建立了由众多厂商参加的快速反应联络组织，他们把服装面料辅料制造商、服装制造商、批发商及零售商相互联系起来，指定了相互联系的标准，确定了产品标签上条形码的编码方法，建立了电子信息交换系统，使相互间的大量文字信函由计算机联网通讯所代替，减少了信息传替的误差，确保了快速反应的实施。

(五) 积极开拓国际市场的营销渠道

随着国际一体化的形成，现代服装企业的国际竞争不仅是质量、成本的竞争，更是技术创新和设计创新的竞争。加入WTO后，我国企业将更多地面临研发设计、品牌定位、高新技术专业人才引进、跨国营销体系的建立、跨国采购等方面的挑战，这些都需要有创新的眼光和创新的能力做支撑。总之，由于受国际、国内及自身条件的各种因素影响，我国的许多服装企业都在寻求新的服装营销渠道模式，尤其是加入WTO以后，我国许多服装企业自身不成熟的生产条件和营销渠道模式与国外先进的服装企业处于同一平台进行竞争时，会面临更多严峻的挑战。然而若想生存，就必须更新观念，克服短期行为和浮躁的心态，注重企业新产品的开发能力、企业营销渠道模式的建立与控制等，使服装企业真正具有立于竞争激烈的世界服装市场的实力。

课后思考题

服装企业如何选择销售渠道？

课后预习题

我国的服装品牌和世界知名服装品牌相比还有哪些差距？

第十一章　服装 OEM 企业如何打造自己的品牌

OEM 生产，即贴牌生产，也称为定牌生产，俗称"贴牌"，由于其英文表述为 Orignal Equipment/Entrusted Manufacture(译为原始设备制造商或原产地委托加工)，因此简称为 OEM。其基本含义为品牌生产者不直接生产产品，而是利用自己掌握的关键的核心技术负责设计和开发新产品，控制销售渠道，具体的加工任务通过合同订购方式委托同类产品的其他厂家生产，之后将所订产品低价买断，并直接贴上自己的品牌商品。这种委托他人生产的合作方式简称 OEM，承接加工任务的制造商被称为 OEM 厂商，其生产的产品被称为 OEM 产品。

第一节　服装品牌托管

托管从 21 世纪初开始流行，至今成为服装渠道创新和渠道外包的重要方式。所谓"托管"，是指服装品牌把部分管理职权委托给特定个人或机构代为管理的经营形式。这个特定个人和机构为托管人，其管理对象为被托管人。托管分整体托管和销售托管，整体托管即为托管人全面接手品牌的整体事务，销售托管为托管人仅负责管理销售环节的工作。

一、服装品牌托管的意义

托管机构必须具备人员、渠道、资金、管理相对完备的优势，被托管单位存在人员、渠道、管理严重匮乏，不能满足市场需求的状况时通过建立托管与被托管的关系，达到强弱联合、资源共享、优势互补、共同发展的目的。托管有如下意义：

1. 专业化分工，渠道外包

服装行业经过多年发展，已经高度专业化。有“虚拟营销”的，如耐克；美特斯·邦威只做品牌运营，生产外包；有专为品牌代工的 OEM 厂；有做大渠道的经销商，决胜终端，托管即是其中的一种。像雅戈尔这样的价值链全流程“通吃”的企业越来越少。品牌把销售和通路中的杂事委托托管，可以集中精力解决品牌运营和商品设计等附加值更高的事务。而托管商一般是本地精英，托管使渠道本地化。

2. 控制开支，费用固定化

很多采用直营分公司办事处模式的品牌都会遇到费用预算屡屡突破的情况。如杉杉因此不得不挥起对直营渠道改革的大刀，在全国成立 30 家销售公司，与杉杉脱钩。如果采用托管方式，佣金是固定的比例，使流通环节的费用固定化，开支看得见，预算就不会突破。

3. 终端公关能力

和经销商相同的是托管机构也必须对区域市场非常了解，并和终端建立良好的关系，有很强的终端公关能力，也就是帮助厂家进终端的能力。与经销商模式不同的是托管机构并不直接从厂家拿货，也并不直接和商场订立销售合同，而是帮助厂家进终端，然后再和厂家签定对这些商场的销售管理的合同。因此它的收益也不同，经销商是从厂家按批发价拿货之后到终端销售，这中间的差价便是它的收入，而品牌托管公司则是在和厂家的销售管理合同中签定销售业绩指标，超过销售业绩指标之后品牌托管公司可以拿到销售额的返点。

4. 对企业的忠实性

经销商在投放广告的时候，会想办法突出经销商品牌，而品牌托管公司在辅助经销商投放广告的时候则不会这样，而是会完全忠于厂家，突出厂家的品牌和产品品牌。因为品牌托管公司仅仅需要在拥有品牌的厂家中拥有知名度，而不必在消费者中建立知名度，对于消费者而言，品牌托管公司可以完全隐藏在幕后。

二、服装品牌托管应该注意的问题

1. 做好双项考察

目前要求托管的品牌，往往是“自身难保型”，抱着试试看的心态去要求托管；而托管者往往冲着当老板和挣大钱的心态去托管，忽略自己的条件和其中的艰辛。所以，托管方、被托管方都应做好充分思想准备，做好双向考察后再“联姻”。

2. 法律纠纷

托管是个新的通路形式，没有固定的模式，不像特许和代理经历很长实践的考验，合作形式、双方责权利和法律文本都比较成熟。而托管还是在摸索阶段，没有很好的案例参考，所以也没形成明文的一些条例，全凭职业道德来约束。

3. 合理分利点数

分利点数多少跟托管方的责权利的大小密切相关。点数太小，对托管方起不到激励作用，而点数过大，被托管的品牌利润势必受到很大影响。

4. 良性合作，诚信是基础

托管方和被托管品牌只有坦诚相待，诚信合作才能实现双赢，不能强调谁控制谁。不能托管方做大了就反向控制品牌，或是品牌在通路问题解决后，翅膀硬了就一脚把托管商踢开。

三、服装品牌托管公司应具备的条件

1. 终端控制能力

品牌托管公司需要具备的是对终端的管理能力，如需要培训导购，需要配合厂家或独立完成对终端的布置，具备相应的物流管理能力，及时按照当地市场消费者的消费习惯给商场配货，并将终端销售的情况及时上报厂家，同时有针对性地提出是否需要采取促销措施或采取何种促销措施的建议。

2. 企划能力

品牌托管公司还应该具备企划能力，也就是有包装产品、宣传产品的能力。因为在实际工作中和他们合作的厂家的企划能力都比较弱，或者不具备现代企划的理念，或者是厂家企划人员对产品的包装和宣传无法吸引品牌托管公司负责销售地区的消费者。因此品牌托管公司需要对产品进行包装，如重新为产品设计宣传册，设计卖点广告等等。

3. 熟悉服装行业

品牌托管公司要熟悉服装行业的运作，并且要具有负责任的工作精神，否则会造成托而不管的现状。

第二节　我国服装品牌与国际服装品牌的合作

一、我国服装品牌与国际服装品牌合作的必要性

1. 能快速建立分销网络

许多服装企业的领导都为没有国际营销网络而苦恼，他们痛感没有自己的国际网络而使企业的品牌营销频频受阻。网络建设问题需要一个历史过

程，近年来力图发展国际市场的服装企业开始有了品牌意识，痛感没有品牌只能“为他人做嫁衣裳”的困窘，力争创造自己的国际品牌。但是，这既需要投入，也需要过程。国际市场的消费者认可一个来自发展中国家的品牌，是需要在反复消费的过程中才能够完成的。

2. 提高自己的各方面的水平

由于我国的服装企业在品牌运作方面和产品技术方面都存在一定的不足，发展国外市场时经验不足，所以通过与国外品牌合作来提高自己管理水平及品牌运作能力非常重要。

二、合作方式

1. 以投入资金、技术、人员的方式和国际品牌合作

以投入资金、技术、人员的方式和国际品牌合作，以这种紧密型的合作方式走向国际化之路。2003年杰尼亚以增资扩股的形式，介入夏蒙的决策层和管理层。双方各持股50%，陈孝祥出任董事长，杰尼亚高级经理出任CEO。陈孝祥在对外接受采访时，甚少谈到资金扩大之后的好处，更多地谈到向国际水准精英人物“借脑”的初衷和风险所在。而今天，夏蒙和杰尼亚合作近七年了，企业内部在不断地调整，人才和管理结构都发生了很大的变化。夏蒙高级顾问李延辉介绍，合作后夏蒙在三个方面做了重要调整，一是定位的调整，原先夏蒙的目标消费群定位在国内市场，而现在转向国内和国际市场并重。二是产品的调整，夏蒙原先只做西装而现在除西装外还做正装和休闲装。三是管理框架机构调整，从家族企业转向现在的规范化管理，两权分立。

2. 代理国外品牌

国外的服装企业拥有自己的品牌的同时还代理许多其他著名品牌，这将是今后我们国内服装企业可以借鉴并行走的路线。汉帛服饰董事长高志伟则表示，大企业不能只做一个品牌，多品牌运作将是今后发展的必然趋势，只操作一个品牌，风险和压力都过大，而操作多个品牌可以将这些风险分散开，减少企业压力。汉帛的总裁张建民认为，自创品牌风险太大，一旦市场不买账，很可能上千万的投资就成了库存。不如先从代理国外品牌做起，与特许加盟商分担经营风险，借机了解流通领域及国际知名品牌的运作路径。因此，汉帛从美国引进JPR、HAILIVES和Hempel三个一线女装品牌，以及休闲装品牌IZOD，并计划将来代理20～30个时尚品牌。

案例：夏蒙的国际合作

2003年，夏蒙与杰尼亚正式签约，成立了中意合资的夏蒙·意杰服饰有

限公司，这是迄今为止温州企业与国际品牌最为深入的合作之一。当时杰尼亚以增资扩股的形式，介入夏蒙的决策层和管理层，双方各持股50%，夏蒙服饰公司董事长陈孝祥出任董事长，杰尼亚高级经理出任CEO。

不过如今双方的合作终于有望结出硕果。“其实我们在全球的策略都是一致的，目标就是要成为全球服装领域的领导者”，保罗·杰尼亚坐在外滩18号杰尼亚的旗舰店里信心满满地说：“为了达到这个目标，我们在全球通过自营、代理方式为男士提供整个衣橱的服装。由于我们经过周全的考察之后才进入中国市场，比竞争者都早了一步。”

的确，进入中国市场20年以来，杰尼亚已经拥有了53家专卖店与专柜。中国市场已经成为公司在全球最重要的市场之一，目前在中国的销售额占到了全球的7%，在整个集团的销售区域中排名第五。

“我们希望通过5年的努力，把公司在中国的销售额翻一番，到那时可以超过意大利、西班牙，成为继美国、日本以后的第三大市场，最终中国会占到集团全球15%到20%的销售份额。”保罗·杰尼亚坦言道。目前杰尼亚全球的销售额超过6亿欧元。

对于全球的奢侈品巨头来说，中国市场的机会固然很多，但是竞争也日渐白热化，要站稳脚跟并且“笑傲江湖”决不是轻而易举的事情。因此Hugoboss已经甘愿放下“身价”，与江苏阳光集团合作贴牌加工其服装。对此，保罗·杰尼亚肯定地表示，到现在为止公司还没有在中国生产杰尼亚产品的计划。目前除了一小部分杰尼亚的运动鞋，所有产品都是在境外生产的。“不过我想现在没有计划，不代表未来没有可能，如果有一天顾客提出这样的需求，我们也许会考虑在中国生产杰尼亚。”保罗·杰尼亚说。

同样，我们的品牌如果想走出去，也可以通过与国外品牌合作，以国内市场的分享换得与他们分享国外的销售渠道。（http://fashion.ef360.com）

第三节　利用高科技提高品牌运作能力

一、通过标准化、系统化的品牌运作模式来打造我国服装品牌

我国许多服装企业并不是不想拥有自己的品牌，谁不想引导时尚，获得丰厚的利润？谁又愿意加班加点、费心费力地只挣取微薄的加工费？许多企业也曾经努力创造自己的品牌，可是由于难度大，没有短期的效应，没有逐步走长远规划，所以这个美好的愿望往往最后被放弃。被取而代之的想法是“先挣着加工费，以后的事以后再说”。

如果想有所发展，我国的服装企业就该从根本上有一个思想上的转变，从自身的改变入手来发现问题，找到适合自己的发展道路。

（一）什么是VMP

对于有一定的品牌的服装企业来说通过标准化、系统化的运作模式来打造品牌无疑是品牌建设中的一个捷径。VMP系统就是一个有力的工具。VMP(Visual Management & Marketing Product System)是欧洲国际服饰品牌标准化运作系统，它将服饰企业有限资源通过系统分析、整体规划整合，提炼出明确清晰的品牌核心价值、品牌定位、品牌个性魅力、品牌核心识别等理念与定位要素，并将抽象的品牌理念最大限度地转化为企业内部的管理规范系统、产品开发要求及外部易被目标受众感知并认同的品牌口号、视觉形象，强化服饰企业对内的"统一性"和对外的"差异性"，为服饰品牌的建设、管理与营销制度的革新、品牌扩张和产品开发提供资源平台和支持工具，进而达到降低管理成本，提高沟通效率，增强服饰企业对内运行能力和对外竞争力的目的。

（二）VMP的构成

VMP正式提出至今，其内涵日益丰富。它由视觉形象识别系统、品牌理念、现代营销及管理系统、产品开发行销系统三部分构成。

1．品牌理念、现代营销及管理系统

品牌理念、现代营销及管理系统MIS(Mind& Marketing & Management Idendity System)是VMP战略运作的原动力和实施基础，品牌理念为品牌之"心"，它是品牌识别系统的精神内涵，是一切品牌识别系统构建活动的理念指导。包涵品牌核心价值、品牌定位、品牌个性等要素；管理系统是服饰企业经营运作的基础与保证体系，服饰企业竞争战略、组织建设、人力资源开发、制度建设、店铺的连锁经营、店铺安全管理等内容构成了现代服饰企业内部的基础性管理工作；现代营销在国际化背景的市场竞争中占据日益重要的地位，是企业运作的重点内容，通过客户关系管理、服务模式的建立、导购系统的完善、商品陈列模式和商品物流管理构建服饰企业对外的市场竞争能力。

2．视觉形象识别系统

视觉形象识别系统VIS(Visual Idendity System)是感官上的识别符号，是品牌形象的外在表现。根据顾客价值分析，将与品牌有关的一切可视物进行统一的视觉识别表现和标准化、专有化。VIS与顾客及社会公众的联系最为密切，影响面也最为广泛，是服饰企业对外传播的一张"脸"。它是以品牌理念与顾客为核心，以基础要素输入形成集成要素，这些集成要素是客户关系的着眼点，是能使顾客直接感知品牌的独立系统，将基础要素中的相关内容基于不同的体系平台进行搭建，通过对基础要素的转化应用而直接成为顾客的品牌认知行为，顾客依靠对集成要素的体验而直接获得对品牌的认知。

3. 产品开发行销系统

产品开发行销系统 PIS(Product Idendity System) 是在顾客需求系列化、多样化的客观基础上，对服饰产品按不同的风格、档次、品牌、种类等进行系统化、规范化的开发，以此达到最大限度地占领市场并以统一规范的品牌形象建立顾客长期品牌认知的目的。品牌在市场与消费者心目中建立起风格统一、特色鲜明的产品形象，从识别特征来看，PIS 是因为品牌的诸多服饰产品在进行外观设计时即由曲线塑造、细节雕琢、色调品味等设计元素的共性化处理，使之在视觉上产生强烈的"家族化"观感，使消费者在不借助标志识别的条件下，仅由产品的外观即可准确判断品牌。除此之外，服饰产品的设计形象还包括服饰品质和内在工艺的设计，它们与外观一起形成了服饰产品在顾客心目中的全面印象。

(三) VMP 的应用

VMP 通过对品牌理念、管理与营销系统及产品与视觉系统的整合最终转化为以顾客体验为核心的终端体验识别系统 MOT(Moment of Truth)，即由规范的服饰企业内部管理行为标准和统一的品牌经营理念建立服饰品牌的视觉与营销系统，使品牌行为趋向一致，从而在行为上形成品牌的识别特征。通过终端的店铺视觉环境、空间环境、展示环境、听觉环境，形成顾客的心里感受、行为感受、视觉感受、听觉感受，组成顾客在终端的完整体验过程，顾客对于品牌的感受也受到广告新闻等其他传播的影响，但最关键的体验是由顾客在终端与产品进行直接接触时形成的。有一个非常重要的概念，叫作 MOT (Moment of Truth，译为真实瞬间或真实感觉)。从接触到一个事物到万次左右的瞬间 MOT 体验判断，这些体验判断直接影响到顾客对品牌的识别(认识与认同)的价值。所以说品牌识别 VMP 是由顾客的体验识别所支持的，从而在顾客心目中逐步形成的统一、鲜明的品牌形象。MOT 的内容就是从终端的环境、管理、展示和产品等方面，使顾客获得对品牌的瞬间的心灵认同和一致性感知，从而建立品牌的独特形象。

在国内产品设计力量不成熟的情况下，国内服饰企业完全可以选择引进国外的智力支持和国外的品牌运作模式等解决产品开发问题。VMP 系统将服饰产品开发行销系统作为服饰品牌管理的重要方面，在欧洲成功地帮助大量的国际服饰品牌建立更深入的品牌影响力，其成功的操作模式对于我国正处于品牌发展期与提升期的服饰企业有很好的借签意义，只要适当结合本土文化与服饰企业的实际情况。“师夷长技以制夷”不仅是一个国家的强盛之道，学习和引入先进的管理与品牌操作经验也是中国服饰企业在当今国际竞争环境中快速获取竞争能力的捷径，我们期待中国服饰企业快速构建本土化的 VMP 系统，建立品牌优势与市场突围能力，改变中国服饰产品在国内名而不实、实而不强，在国际上质高价低、多而不精的不利竞争地位。

二、利用 RFID 技术提高企业运作效率

(一) 什么是 RFID 技术

RFID 技术是 Radio Frequency Identification 的缩写，是从 20 世纪 90 年代兴起的一项自动识别技术。RFID，即无线射频辨识；RFID 标签就是利用微型天线将信号发送至 RFID 读取器。

1. RFID 技术的特点

RFID 技术是一种突破性的技术，无需人工干预即可完成信息输入和处理，操作方便快捷。RFID 技术能广泛用于生产、物流、交通、运输、医疗、防伪、跟踪、设备和资产管理等需要收集和处理数据的应用领域，被认为是条形码标签的未来替代品。

2. RFID 技术优势的主要表现

(1) 快速扫描

条形码技术一次只能扫描一个条形码；RFID 辨识器可同时辨识读取数个 RFID 技术标签。

(2) 体积小型化、形状多样化

RFID 在读取上不受尺寸大小与形状限制，不需为了读取精确度而配合纸张的固定尺寸和印刷品质。此外，RFID 标签更往可小型化与多样形态发展，以应用于不同产品。

(3) 抗污染能力和耐久性

传统条形码的载体是纸张，因此容易受到污染，但 RFID 对水、油和化学药品等物质具有很强抵抗性。此外，由于条形码附于塑料袋或外包装纸箱上，所以特别容易受到折损。

(4) 可重复使用

现今的条形码印刷上去之后就无法更改，RFID 标签则可以重复地新增、修改、删除。

(5) 穿透性和无屏障阅读

在被覆盖的情况下，RFID 能穿透纸张、木材和塑料等非金属或非透明的材质，并能进行穿透性通信。而条形码扫描机必须在近距离而且没有物体阻

挡的情况下，才可辨读条形码。

(6) 数据的记忆容量大

一维条形码的容量很小，二维条形码最大的容量可储存 3 000 个字符，最大的容量则有数 Mgea Bytes。随着记忆载体的发展，数据容量也有不断扩大的趋势。未来物品所需携带的资料量会越来越大，对卷标所能扩充容量的需求也相应增加。

(7) 安全性

RFID 承载的是电子式信息，其数据内容可经由密码保护，使其内容不易被伪造及变造。它不仅可以帮助一个企业大幅提高货物、信息管理的效率，还可以让销售企业和制造企业互联，从而更加准确地接收反馈信息，控制需求信息，优化整个供应链。

(二) RFID 技术在服装领域的神奇作用

对于服装而言，产品销售的个性化服务需求极强且产品更新变化快，服装行业由于其特性决定了它是最适合应用 RFID 技术的行业。在服装企业的零售网络中，使用 RFID 技术对服装销售过程进行跟踪，可以快速掌握服装产品的销售情况；提高专卖店盘点的效率；提高成品入库的效率；实现连锁体系物流配送与调拨的自动化管理；提高销售信息、客户信息、促销数据、产品价格变动信息等的数据采集和分析能力，特别是提高对重点客户的服务能力；通过对产品销售过程的跟踪，了解到各款产品的买卖频率、主要销售地点等多样信息，在此基础上对提供生产厂家、批次产品进行筛选，对选定产品按照时间、数量等进行快速处理，实现产品生产与销售的良性循环。

RFID 技术在服装产业的销售物流一体化管理、零售终端产品的防伪、防盗、POS 快速结算、VIP 会员管理及多媒体服饰演示等方面均能发挥出显著的优势。

1. 服装标识

在服装领域，服装标识的内容一般包括服装的名称、制造者的名称及地址、服装型号、成分、洗涤方法、执行标准编号、质量等级合格证等，信息量大而且内容繁杂。

目前服装厂商一般采用多种方式对服装进行标识，比如通过衣领和袖口处的布质标签、纸质挂牌及条形码来标识服装：

(1) 在衣领、袖口等部位缝制商标，标注服装的品牌；

(2) 在领窝、侧缝处缝制标识注明服装的规格、尺寸，方便消费者按尺码选择合适的服装；

(3) 在比较明显的地方挂有吊牌，对服装的品牌、成分、规格以及是否检测合格进行说明；

(4) 在衣服夹缝中缝有标识，指导消费者保养衣服；

(5) 用条形码跟踪服装的流通等等。

往往这些标识都同时存在于同一件服装上面。这些标签在生产过程中增加了生产工序，而且经常采用消费者难于理解的专业图案，难以被消费者接受。另一方面，基于上述的标识方法，服装店在服装的管理方面一般依赖于以纸张文件为基础的系统来标识、记录、追踪货物的进出，以人工方式实施服装店内部的管理，手工方式效率低。同时，由于各个环节的统计数据的时间滞后性，造成统计数据在时序上的混乱，无法进行整体的数据分析以给管理决策提供真实、可靠的依据。

在现代化服装工业大规模生产流水线上，时间是以秒为单位计算的，手工方式既费时、费力，又容易产生错误。企业为了满足市场需求多元化的要求，生产制造从过去的大批量、单调品种的模式向小批量、多品种的模式转移，给传统的手工方式带来了更大的压力。

简而言之，现有的服装标识手段具有以下缺陷：标识手段太多，增加了服装的生产工序；往往采用各种专业的符号或图案，令消费者难以读懂和理解；服装标识不能迅速地被识别和送入计算机，导致服装管理环节效率比较低下。

RFID 技术通过把应答器置入服装来监控服装的整个生产和销售过程。从服装在生产线前端到服装进入各加工流程再到成品入库直至被摆上货架和被出售，整个过程都可以通过阅读器的扫瞄对服装进行监控，再配合以软件系统进行辅助管理，就可以生成详尽的记录，从而来改善目前服装标识技术中存在的缺陷和不足。

2. RFID 技术对服装物料管理和生产管理的影响

RFID 技术对采购的服装生产物料按照行业及企业规则建立统一的物料编码，以杜绝因物料无序而导致的损失和混乱；按照服装企业的生产计划接收生产物料需求计划，作为建立采购定单的依据，并向产品物料供应商下达采购定单；建立物料质量检验档案，产生质量检验报告，与采购定单挂钩建立对供应商的评价。

RFID 技术可以全程监控生产过程，及时反映服装的未上线、在线、完工情况从而保证生产的正常运行，提高生产效率。统计分厂生产、生产线完成数、包装线工作量、产品完工的生产数据，并提供一系列的报表数据。

3. RFID 技术对库存管理的影响

服装零售业不仅仅只是专卖店、百货公司的销售环节，服装的库存管理、物业流通也是影响销售额的重要因素。

时装业总是瞬息万变的，必须捉住时机，抓住时机才能赢利，反之则会付出惨重的代价。库存管理是服装零售业高效率中十分重要的一个环节。RFID 技术可以减少服装产品在供应链滞留的时间，为抢占市场夺得先机。

RFID 系统根据服装的制造者、型号、产地、品牌等划分服装类别，并且分配唯一的编码，分货号管理服装库存，并且应用于仓库的各种操作。

案例：拉美零售巨头——法拉贝拉运用 RFID 技术

法拉贝拉集团是拉丁美洲零售业的巨头，其目标是凭借高品质的服务和一流的管理成为拉美地区最大、最成功的零售商。如今，它做到了这一点。但是在其实现目标过程中遇到了许多的挑战和困难，突出表现在业务流程和库存方面。那么，法拉贝拉集团是如何解决这些困难的呢？

当集团快速发展时，各种需求就渐渐凸显出来。新店面的开张和已有的旗舰店的繁忙业务都急需新劳动力时，就意味着库存能见度不足直接导致了潜在的销售损失，于是，公司决定开始试点 RFID 项目。

在试点过程中 RFID 技术被纳入了好几个业务流程，法拉贝拉将 RFID 标签贴在高价值的服装单品上，这样就可以每天清查库存，了解销售情况，方便及时补货。以前未使用 RFID 系统时，法拉贝拉只能每月甚至每季度才能清查一次库存，并且至少需要五十名员工在商店打烊后用两个晚上的时间才能完成，而采用 RFID 系统后，每天在开张前只需要一名员工推着一辆带有 RFID 读写器的移动货车来回走动即可，获得的库存数据会被存入库存软件，以生成报告的形式将以前数以百计的手工操作时间减少到了几个小时，同时也提高了库存清点的准确率。(http://www.28.com)

4. RFID 技术对物流管理的影响

在服装企业中，服装的生产加工时间其实并不长。服装主要处于停滞或装卸、搬运、包装和运送等物流过程中，并且服装企业的流动资金被服装材料、半成品、成品所占用，因此如何提升企业生产物流，加强企业内部物流管理是企业管理的一个现实课题。

由于服装行业的特性是季节性非常强，消费者需求的变化特别快，且周转速度很快，往往是一旦生产完成便迅速投放市场，分发到各地的柜台及零售专卖店。这就需要专卖店、公司和生产商三者之间组建一条快速运转的流水线，第一时间将专卖店的销售信息、公司的情况和厂商的库存现状有效地集中起来。就此而言，仅仅靠传统的一维条码的功能是远远不够的。此外，一维条码还有一个最大的漏洞，就是伪冒产品有机可乘，造成的损失远远超过企业内部的自损。而 RFID 技术的一个主要优势在于它本身具有读写功能，可以写入服装独有的加密编码。

案例：劲霸男装运用 RFID 技术

中国男装知名品牌“劲霸”于 2006 年在其货品仓库和专卖店采用了美国讯宝科技公司的 RFID 管理解决方案。通过对劲霸的物流仓和成品仓实施无线管理，电子条码的识别系统在各专卖店和卖场进行实时数据采集，与总部实现及时信息共享和沟通，解决了劲霸在仓库管理和供应链管理中长期存在的问题。

“劲霸”围绕整个经营流程——从最初的生产阶段到辅助销售人员工作的店内跟踪、订购、存货、控制环节等构建了一个完整的体系。电子芯片以服装标签为载体在制作流程中被安装在每一件服装上，这些标签上储存着服装的款式、尺寸、颜色、既定目的地等电子信息。在买卖现场，消费者只需用具有拍照功能的手机拍下衣服商标上的二维码，自动连接到 WAP 页面就能看到该衣服的产地、面料成分、码数等相关参数。这样，就给每一件服装赋予了难以伪造的唯一的电子标签标识，很好地解决了品牌服饰的防伪问题。

此外，当每天营业结束时，“劲霸”专卖店的店员再也不用逐件清点货品，只要拿着读取器扫过衣服，一次可以读 5～7 件的货品信息。这项工作原先需要将近两小时，现在只要 15 分钟就能完成。据劲霸男装调查发布的信息显示，自从开始使用 RFID 技术以来，减少产业链损耗 45%，提高消费者信任度为 98%。目前，世界顶级服装品牌像 Prada、Flandre，日本的 Mousy 和意大利名鞋 Ferragamo 公司、佐丹奴、报喜鸟、上海第二妇女百货商店等多家服装品牌已采用 RFID 应用解决方案。（刘相君《现代商业》）

5. RFID 技术对服装销售的影响

服装业是一个永续产业，人人都需要消费服装产品。服装品牌数不胜数，专卖店宛如林立，服装各品牌之间的竞争非常激烈。如果一位顾客因找不到自己适合的尺寸、款式而走出专卖店，对于一个专卖店来说或许只是少了一笔交易，但对于一个品牌来说却可能永远失去一位顾客。

销售是门店经营的重头戏，也是服装零售中的重要的环节。顾客进店购买服装，都希望能买到适合自己的肤色、体型的服装，但大部分顾客都不能清楚地认识到自己到底需要什么样的服装，这就要求导购人员有较强的专业素养。

案例：GAP 公司运用 RFID 技术

美国的 GAP 公司运用 RFID 追踪系统，对销售终端实施有效管理。每一件 GAP 衣物的标签都被系统追踪，不管衣物是放在仓库的包装箱内还是放在商场的架子上，只要顾客有需求，销售人员可以通过便携式的读码器马上告诉消费者他们看中的样式有多少种颜色可供选择，并能在第一时间为顾客找到目标商品，避免了传统人工翻找所花费的时间和顾客的流失。据相关部门统计，GAP 公司应用 RFID 技术对服装进行有效跟踪管理以来，公司的销售额提高了 20%。Prada 在纽约 Epicenter 旗舰商店商品上使用的 RFID 电子标签，记载了有关服装的式样、尺寸、颜色和其他细节以及价格的相关信息。当顾客穿着 Prada 的衣服经过他们的商店，RFID 系统将控制店内的显示器播放模特在米兰的 T 型舞台上展示同款的衣服的画面。这一技术的使用极大地增强了消费者购买 Prada 产品后的成就感。(http://china.alibaba.com)

案例：意大利品牌米图运用 RFID 技术提高竞争实力

意大利品牌米图在香港的两家专卖店里部署了 RFID 技术设备来提高竞争力。该店的每个客户都有不同的电子标签，这种标签可集成于顾客的手机中，也可以是一张单独的智能卡。当顾客走进专卖店时，店门口的读取器立即读取顾客的电子标签信息，随即可以在电脑上显示出顾客体形特征以及过往的消费记录、搭配风格等信息。便于店员给顾客推荐服装及搭配。顾客也可以完全按照自己的意愿在店内设置的视频搜索触摸屏上输入搜索条件，查找满意的服装。

这家店的试衣间四面由玻璃幕墙围成，这些玻璃幕墙其实是电子显示屏。当顾客拿着带有电子标签的衣服进入试衣间，读取装置就会自动读取所有信息，虚拟配衣程序随之启动，电子屏幕上会出现一个虚拟设计师，帮助顾客分析身材、肤色及气质等特征，建议顾客搭配。比如，顾客决定使用一条白色裤子做搭配，随之，四面的电子幕墙上滚动显示了该公司所有款式的白色长裤。顾客完全可以根据自己的体型和性情选中其中一条。这时，按照顾客的身形尺寸，电子屏上会出现顾客衣着和白色长裤搭配的整体形象，顾客不用麻烦地试穿也能看到自己真正穿上衣服之后的形象。

如此的高科技其实就是 RFID 技术的应用。RFID 系统的应用使米图专卖店的顾客回头率上升了 45%，成交率高达 99.98%。销售额增长了 30%，提高了市场竞争力。(http://www.texnet.com.cn)

RFID 技术应用于服装业生产、仓储和物流方面，可以提高整体工作效率，为企业带来更大的经济效益。由此可见，RFID 技术在服装业应用中具有非常大的发展潜力和规模，并能带来巨大的经济效益。我们坚信随着中国服装企业劳动力成本的上升、对物流成本降低的需求增长，以及服装企业自身竞争与发展的需要，都将为服装企业快速应用 RFID 技术提供客观需求的动力。

中国的服装企业有必要在此方面增加敏锐感，根据自身的实际情况去定位自己在RFID浪潮中的角色。那种盲目跟风、全盘接受或是置之不理、全然抵制的做法未免太过偏激。业内权威人士认为，中国是世界上最大的潜在市场。在未来3年内，技术将会给中国的产业界带来一场革命。无论这场变革带来怎样的结果，其中有一点是可以肯定的：在RFID大潮中，只有那些理性观察、勇于实践者才有成功受益的可能。我们同样坚信，中国的服装企业对RFID技术的应用将如同移动通讯和互联网技术的应用一样，走在世界的前列。

【课后思考题】

我国的服装企业应该如何利用RFID技术来提高企业运作效率？

参考文献

1. 金琳. 波司登收编上羽、双羽两大品牌. 上海商报. 2006
2. 余明阳. 论品牌延伸的评估模型. 深圳:特区经济,2000(3)
3. 南希. F. 凯恩. 品牌故事. 北京:机械工业出版社. 2001
4. 金丝燕. 穿香. 山东画报出版社. 2002
5. 中新苏州网
6. 中国营销传播网
7. 中国品牌命名网
8. 世界企业文化网
9. http://www.rhtimes.com
10. http://baike.baidu.com
11. http://nufang.net.cn
12. http://www.em-cn.com